Duden

Erfolgreich bewerben – kurz gefasst

von Judith Engst

Dudenverlag
Mannheim · Leipzig · Wien · Zürich

Die **Duden-Sprachberatung** beantwortet Ihre Fragen zur Rechtschreibung, Zeichensetzung, Grammatik u. Ä. montags bis freitags zwischen 9.00 und 17.00 Uhr unter der Telefonnummer **0190 8 70098** (1,86 € pro Minute, deutschlandweit).

Bibliografische Information der Deutschen Bibliothek
Die Deutsche Bibliothek verzeichnet diese Publikation in der Deutschen Nationalbibliografie; detaillierte bibliografische Daten sind im Internet unter http://dnb.ddb.de abrufbar.

Für die in diesem Buch gegebenen Ratschläge und Muster für die Gestaltung von Briefen, Schreiben, Verträgen etc. kann, sofern sie juristische Fragen betreffen, keine Haftung übernommen werden.

Redaktion Evelyn Knörr
Herstellung Monika Schoch

Typographie Horst Bachmann
Satz TypoDesign Hecker GmbH, Leimen
Druck und Einband Progressdruck, Speyer
Printed in Germany
ISBN 3-411-70462-4

Vorwort

Bewerbung – schon in diesem Begriff steckt das Wort „Werbung". Das kommt nicht von ungefähr: Als Bewerber hat man heute, im Zeitalter der Massenbewerbungen, große Konkurrenz. Wer es da nicht schafft, für sich und seine Qualifikationen die Werbetrommel zu rühren, erhält oft nur Absagen. Das muss aber nicht sein:

Die wenigsten Bewerber ahnen, wie sehr sie den Erfolg ihrer Stellensuche selbst mitbestimmen. Wer schon bei der Bewerbungsmappe oder der E-Mail-Bewerbung auf korrekte formale Gestaltung achtet (Vollständigkeit, Fehlerlosigkeit, guter Gesamteindruck), sammelt in der ersten wichtigen Phase Pluspunkte – nämlich dann, wenn der oder die Personalverantwortliche den großen Stapel der Bewerbungen sichtet und alles aussortiert, was einfachsten Ansprüchen nicht genügt. Wer darüber hinaus viel Zeit und Sorgfalt auf eine überzeugende Präsentation seiner Fähigkeiten in der schriftlichen Bewerbung (und auch im Vorstellungsgespräch) verwendet, ist seinem Ziel – dem Arbeitsplatz – ein gutes Stück näher gekommen.

In Zusammenarbeit mit erfahrenen Personalverantwortlichen ist deshalb dieser Ratgeber entstanden, der in übersichtlicher Form alle wesentlichen Bestandteile der schriftlichen Bewerbung beleuchtet.

Allen, die sich jetzt bewerben, wünsche ich viel Erfolg!

Judith Engst

Inhaltsverzeichnis

Schriftliche Bewerbung: Welche Formalkriterien Sie beachten sollten

Sie haben sich entschieden, auf welche Stellenanzeige bzw. bei welchen Unternehmen Sie sich bewerben möchten? Dann geht es jetzt daran, eine möglichst ansprechende Bewerbung zu erstellen. Unterschätzen Sie dabei nicht den optischen Eindruck, den Ihre Bewerbung macht. Schaffen Sie es, Ihre Unterlagen überzeugend zu präsentieren, dann sind Sie vielen Mitbewerbern schon einen entscheidenden Schritt voraus. Das kann nämlich – da sind sich die Personalverantwortlichen einig – längst nicht jeder.

Warum Formalitäten eine große Rolle spielen

Die Wahrscheinlichkeit, dass Sie Konkurrenz haben, ist groß. Stellen, auf die sich 100 und mehr Menschen bewerben, sind heutzutage keine Seltenheit. In vielen Firmen, bei Personalberatern und Behörden ist es daher üblich, die eingehenden Bewerbungen erst einmal grob zu sichten. Für drei Viertel aller Bewerbungen wendet der Personalentscheider zunächst nicht mehr als 30 Sekunden auf. Dabei prüft er zunächst, ob die Bewerbung formalen Kriterien gerecht wird.

Formalkriterien sind die erste Hürde

Bewerbungen, die einfachste Formalkriterien nicht erfüllen, werden am schnellsten aussortiert. Beachten Sie: Oft sichtet noch nicht einmal der Personalverantwortliche selbst die eingehenden Bewerbungen, sondern ein(e) Assistent(in). Hier stehen die Chancen noch schlechter, mit Inhalten zu überzeugen, wenn schon die Form nicht stimmt.

Diese Formalkriterien sollten Sie beachten

Damit Ihre Bewerbungsmappe nicht gleich bei der ersten Sichtung aussortiert wird, haben zunächst formale Kriterien Vorrang. Wichtig sind

- optisch ansprechende Aufbereitung (Umfang der Bewerbung, Mappe, Foto, Qualität der Ausdrucke und Kopien)
- Fehlerlosigkeit in Anschreiben und Lebenslauf
- Vollständigkeit
- richtige Reihenfolge der Unterlagen

Eine Bewerbung, die diesen Anforderungen nicht genügt, hat geringere Chancen. Im Umkehrschluss bedeutet das: Wenn Sie für eine ausgeschriebene Stelle qualifiziert sind, dann sollten Sie alles daran setzen, dass auch die Form stimmt. Erst damit gehen Sie sicher, dass der Inhalt Ihrer Bewerbung überhaupt wahrgenommen wird.

Wer den Details Beachtung schenkt, ist eine Runde weiter

Mit einer nachlässig aufbereiteten Bewerbung setzt ein Bewerber ein falsches Signal: Zerknitterte oder unvollständige Unterlagen, eine abgenutzt aussehende Mappe, ein schlechtes Foto, unleserliche Ausdrucke und Kopien – all das lässt den Rückschluss zu, dass ihm nicht allzu sehr an der Stelle gelegen ist. Andernfalls hätte er sich mehr Mühe gegeben. Genau diesen Eindruck müssen Sie bei Ihrer Bewerbung vermeiden: Mit einer optisch ansprechenden Aufbereitung signalisieren Sie, dass es Ihnen ernst ist mit Ihrem Interesse an der jeweiligen Stelle. Die erste Auswahlrunde haben Sie damit schon geschafft. Lesen Sie im Folgenden, auf welche Details es ankommt.

Umschlag und Adressierung

Über die Art und Gestaltung des Umschlags, in dem Sie Anschreiben und Bewerbungsmappe verschicken, brauchen Sie sich keine großen Gedanken zu machen. Gegen eine Beschriftung von Hand ist nichts einzuwenden, vorausgesetzt, Sie schreiben leserlich.
Die oft wiederholte Empfehlung, auf jeden Fall weiße C-4-Umschläge und computeradressierte Etiketten für die Adressierung zu verwenden, ist überzogen. Meist öffnet sowieso die Poststelle oder eine Sekretärin den Bewerbungsumschlag und nicht derjenige, der die Personalauswahl trifft. Merken Sie sich: Am Umschlag liegt es in der Regel nicht, wenn Sie eine Absage bekommen.

Fensterumschläge sind sinnvoll

Folgender Hinweis ist wichtig: Ihre eigene Adresse muss unbedingt auf das Anschreiben. Wenn sie nur als Absenderangabe auf dem Umschlag auftaucht, wird sie eventuell weggeworfen. Als Bewerber sind Sie dann ohne zusätzliche Recherche nicht mehr auffindbar. Ansprechend und am wenigsten aufwendig ist es, Sie verwenden einen Fensterumschlag, die es auch in DIN-C-4-Größe gibt. Dann sparen Sie sich die Beschriftung, denn die Empfängeradresse des Anschreibens erscheint im Brieffenster.

Geeignete Bewerbungsmappen

Bewerbungsmappen müssen zwei Kriterien erfüllen: gutes Aussehen und einfache Handhabung. Achtung: Das zweite Kriterium ist genauso wichtig wie das erste. Bei vielen Personalverantwortlichen sind hochwertige, dreifach gefaltete Mappen aus Karton deshalb unbeliebt, weil die Heftung mit einer Klemmleiste in der Mitte zu kompliziert ist. Achten Sie daher beim Kauf von Bewerbungsmappen auf

- modernes und hochwertiges Aussehen (keine billigen Plastik-Schulhefter mit Metallbindung)
- unkomplizierte Heftung (z. B. Clip-Mappen mit Plastik- oder Spiralbindung, Mappen mit schwenkbarem Klemmbügel)
- einen hochwertigen Umschlag (gefärbter Karton bleicht schnell aus und knickt leicht; besser ist daher ein fester Plastikumschlag, transparent oder in einer dezenten Farbe, z. B. dunkelblau)
- einfache Handhabung (z. B. dass die Ecken von Anschreiben oder Lebenslauf nicht in starre Schlitze geklemmt werden müssen, dass sich alle Unterlagen mit einem Handgriff entnehmen und wieder einheften lassen)

Das Anschreiben liegt – nicht eingeheftet – an oberster Stelle auf der Mappe. Ansprechend, aber kein unbedingtes Muss ist ein Deckblatt, das an zweiter Stelle, nach dem Anschreiben, kommt. Es ist das oberste eingeheftete Blatt.

Umfang von Anschreiben und Lebenslauf

Anschreiben: maximal eine Seite

Das Anschreiben darf nicht länger als eine Seite sein. Betrachten Sie diese Regel als absolutes Muss ohne Ausnahmen. Sie müssen zeigen, dass Sie dazu fähig sind, sich wirklich auf das Wesentliche zu beschränken. Das gelingt Ihnen vor allem dadurch, dass Sie Ihre augenblickliche Situation nicht zu ausführlich darstellen. Sie taucht sowieso noch im Lebenslauf auf. Besser ist es, Sie treffen Aussagen zu Ihren wesentlichen Fähigkeiten.

Lebenslauf: Ideal sind zwei Seiten

Beim Lebenslauf gibt es keine zwingende Vorschrift. Die gängige Empfehlung lautet, er solle nicht länger als zwei Seiten sein. In der Praxis ergibt die Beschränkung auf eine bestimmte Seitenzahl keinen Sinn. Schließlich ist nachvollziehbar, dass ein erfahrener, älterer Bewerber einen wesentlich längeren Lebenslauf hat als ein Schulabsolvent. Klar ist aber auch, dass ein älterer Bewerber nicht jede kleine Station ausführlichst im Lebenslauf darstellen muss. Auch hier sollten Sie nur das ausführlich darstellen, was im Hinblick auf die gewünschte Tätigkeit wichtig ist. Im Idealfall umfasst ein Lebenslauf zwei Seiten; selten geht er über einen Umfang von drei Seiten hinaus.

Fehlerlosigkeit in Anschreiben und Lebenslauf

Anschreiben und Lebenslauf dürfen keine Fehler enthalten. Das gilt besonders für Bewerbungen im kaufmännischen Bereich. Personen, die sich im Beruf nicht nur mündlich ausdrücken müssen, sondern auch am Schriftverkehr teilnehmen (z. B. bei der Korrespondenz, Erstellung von Präsentationen, Schulungsunterlagen oder Gutachten), können es sich nicht leisten, bei der Bewerbung Schreib- oder Grammatikfehler zu machen. Denn ein Personalverantwortlicher fragt sich dann, ob ein solcher Bewerber geeignet ist, die Firma, Organisation oder Behörde angemessen nach außen zu repräsentieren.

Bei Berufen, die keine oder nur wenig informelle Schreibarbeit erfordern, sind Schreibfehler eher verzeihlich. Die meisten Chefs oder Personalverantwortlichen drücken ein Auge zu, vorausgesetzt, die Bewerbung strotzt nicht gerade vor Fehlern. Dem potenziellen Arbeitgeber kommt es in erster Linie darauf an, dass sich der Bewerber für die praktische Tätigkeit eignet. Dennoch gibt es genügend potenzielle Arbeitgeber, die auch bei solchen Stellen keine fehlerhaften Bewerbungen dulden. Dann wird eine Bewerbung mit Schreibfehlern automatisch ausgesiebt.

Auch der Computer birgt Gefahren

So hilfreich ein Computer mit einem modernen Textverarbeitungsprogramm bei Bewerbungen sein kann – er ist auch eine der größten Fehlerquellen. Denn gerade bei nachträglich geänderten Sätzen kommt es häufig vor, dass

- Wortendungen nicht angepasst werden
- Wörter beim Umstellen aus Versehen stehen bleiben (häufig bei zusammengesetzten Verben)
- das Subjekt im Singular steht – und das Verb im Plural (oder umgekehrt)
- die Zeichensetzung nicht mehr stimmt

Tipp
Lesen Sie Ihre Unterlagen sorgfältig durch – nicht am Bildschirm, sondern in ausgedruckter Form. Suchen Sie in Ihren Texten nicht nur selbst nach Rechtschreib- und Grammatikfehlern. Bitten Sie eine weitere Person, Ihr Anschreiben, Ihren Lebenslauf, ggf. das Deckblatt und die zusätzliche Erklärungsseite mit dem Rotstift in der Hand zu korrigieren.

Gutes Bewerbungsfoto

Denken Sie immer an den Zweck

Ein Bewerbungsfoto hat einzig den Zweck, Sie optimal darzustellen. Beauftragen Sie daher einen guten Fotografen. Tragen Sie seriöse, geschäftsmäßige Kleidung und achten Sie darauf, freundlich in die Kamera zu schauen. Es sollte kein Ganzkörperfoto sein. In der Regel genügt es, wenn Ihr Kopf und eventuell Ihre Schulterpartie darauf zu sehen sind.

Größe, Format und Farbe nicht verbindlich vorgeschrieben

Für Größe und Format gibt es keine verbindliche Vorschrift. Achten Sie in erster Linie darauf, dass das Foto groß genug ist, Ihr Gesicht optimal zur Geltung zu bringen. Passbilder der Größe 3 × 3,5 cm sind zu klein. Verwenden Sie aber auch kein übertrieben großes Bild, sonst wirkt es, als wollten Sie allein mit Ihrem Aussehen auftrumpfen.

Empfehlung
Ein Bewerbungsbild sollte in der Größe zwischen 4,5 × 6,5 cm und 9 × 13 cm liegen. Größere Fotos (z. B. Abzüge in DIN-A-4-Größe) sind nur dann zu empfehlen, wenn es entscheidend auf das Aussehen ankommt, z. B. bei einer Bewerbung als Model in einer Agentur.

Es bleibt Ihnen überlassen, ob Sie Hoch- oder Querformat, ein Farb- oder ein Schwarz-Weiß-Bild besser finden. Bewerben Sie sich auf eine Führungsposition im kaufmännischen Bereich, gilt ein Schwarz-Weiß-Bild heute als üblich.

Welche Fotos für eine Bewerbung ungeeignet sind

Verwenden Sie auf keinen Fall

- Automatenbilder
- Bilder, auf denen neben Ihnen noch andere Personen zu sehen sind
- private Fotos bzw. Urlaubsbilder
- Ganzkörperfotos
- Scans mit schlechter Auflösung oder Farbqualität (ein gescanntes Foto sollte ausgedruckt die Qualität eines guten Fotoabzugs haben)

Wo Sie das Foto platzieren

Das Bewerbungsbild gehört nicht auf das Anschreiben, denn dieses ist zum Verbleib beim Empfänger bestimmt. Am besten kleben Sie es vorsichtig auf ein gesondertes Deckblatt oder (rechts oben) auf den Lebenslauf. Verwenden Sie einen Klebe- oder Gummierstift oder einen Adhäsionskleber, mit dem sich das Foto später wieder problemlos von der Papierunterlage lösen lässt. Schreiben Sie Ihren Namen und Ihre Adresse auf die Rückseite, dann kann der Empfänger es zuordnen, falls es abfallen sollte. Befestigen Sie das Foto nicht mit einer Büroklammer, sonst wird möglicherweise Ihr Gesicht verdeckt und das Bild verbogen. Ein gutes (und teures) Bewerbungsfoto in einwandfreier Qualität können Sie mehrfach verwenden.

Achtung: Bei internationalen Bewerbungen ist ein Foto nicht üblich

Bei internationalen Bewerbungen, besonders aber im englischsprachigen Raum, gehört ein Foto nicht zum Standard. Einem Bewerber, der diese Regel missachtet, wird leicht ein Hang zu übertriebener Selbstdarstellung nachgesagt.

Papier- und Druckqualität der einzelnen Unterlagen

Achten Sie bei allen Ausdrucken und Kopien darauf, dass die Schrift nicht verwischt ist und dass die Zeilenränder parallel zum Blattrand verlaufen. Wenn Sie einen Tintenstrahldrucker verwenden, dann lassen Sie den einzelnen Seiten vor dem Unterschreiben genügend Zeit, bis die Tinte getrocknet ist.

Hochwertiges weißes Papier

Zum äußeren Eindruck gehört auch das Papier. Nichts spricht dagegen, das Anschreiben, den Lebenslauf und ggf. das Deckblatt und die zusätzliche Erklärungsseite auf normalem 80-Gramm-Papier auszudrucken. Vieles spricht aber dafür, für diese Seiten ein hochwertiges, schwereres Papier zu nehmen, etwa 90- oder 100-Gramm-Papier. Eine solche Bewerbung hebt sich in positivem Sinne von der Masse ab. Wer die Bewerbung perfekt gestalten will, kopiert die beigelegten Nachweise auf das gleiche Papier. Diese Mühe honorieren viele Personalentscheider mit erhöhter Aufmerksamkeit, denn damit signalisiert ein Bewerber sein Interesse.

Farbiges Papier ist ungeeignet

Auf farbigem Papier sollten Sie nichts ausdrucken und auch keine Ablichtungen machen. Hintergrund: Viele potenzielle Arbeitgeber, vor allem aber Beratungsunternehmen, die bei der Personalauswahl behilflich sind, kopieren am Anfang des Auswahlverfahrens die gesamte Bewerbung, bevor sie sie z. B. an die Fachabteilung oder den Kunden, für den sie eine Stelle besetzen, weiterreichen. Kopien von farbigem Papier sind meist ausgesprochen schlecht zu lesen – ein entscheidender Nachteil. Ähnliches gilt für Umweltschutzpapier.

Keine Knicke, kein Schmutz, kein Geruch

Achten Sie darauf, dass alle Unterlagen knick-, schmutz- und geruchsfrei sind. Sonst liegt der Verdacht nahe, dass Sie die Unterlagen wiederverwendet haben oder es mit Ordnung und Sauberkeit nicht so genau nehmen.

Verdächtige Schutzhüllen

Achtung: Es ist weder üblich noch empfehlenswert, jedes einzelne Blatt in eine Schutzhülle zu stecken. Wer das tut, stößt den Empfänger geradezu mit der Nase darauf, dass die Bewerbung mehrfach verwendet wird oder werden soll.

Vorsicht bei mehrfacher Verwendung von Bewerbungen

Der Mythos, dass Personalverantwortliche eine Bewerbung z. B. durch das Eindrücken des Fingernagels oder mit Farbe markieren, hält sich hartnäckig. Angeblich sollen sie ihren Kollegen in anderen Firmen mit diesen Mitteln signalisieren, dass ein Bewerber dieselbe Bewerbung mehrfach verwendet. Diese Praxis wenden aber wohl die wenigsten an. Sie haben gar keine Zeit dazu. Es kommt aber sehr wohl vor, dass sich ein Personalentscheider in der Bewerbung Notizen macht, z. B. wenn ihm etwas unplausibel oder erklärungsbedürftig erscheint.

Vollständigkeit und richtige Reihenfolge der Unterlagen

Vollständigkeit ist ein Muss. Sonst landet Ihre Bewerbung kaum auf dem Stapel der „A-Kandidaten", also der Bewerber, die auf jeden Fall zu einem Vorstellungsgespräch eingeladen werden. Zu umständlich erscheint es vielen Personal- oder Firmenchefs, fehlende Unterlagen nachzufordern. Zur vollständigen schriftlichen Bewerbung gehören (in dieser Reihenfolge):

- Anschreiben
- Deckblatt (nicht obligatorisch)
- Lebenslauf
- Erklärungsseite (nicht obligatorisch)
- Foto
- Nachweise

Checkliste: Ist Ihre Bewerbung vollständig?

- ☐ Anschreiben (nicht eingeheftet, sondern lose auf der Mappe liegend)
- ☐ ggf. Deckblatt
- ☐ Lebenslauf
- ☐ ggf. Erklärungsseite
- ☐ Lichtbild (auf Deckblatt oder Lebenslauf, nicht üblich bei englischen Bewerbungen)
- ☐ Schulzeugnisse (i. d. R. der höchste Abschluss einer allgemein bildenden Schule)
- ☐ Ausbildungszeugnisse (z. B. Diplomzeugnis) oder -belege (z. B. Meisterbrief)
- ☐ alle Arbeitszeugnisse früherer Arbeitgeber
- ☐ Nachweise über Aus- und Weiterbildung
- ☐ Praktikums- und Tätigkeitsnachweise
- ☐ Nachweise über Stipendien
- ☐ Referenzen (falls vorhanden)
- ☐ Arbeitsproben (falls verlangt)

Welche Nachweise sind nötig, welche nicht?
Vielleicht haben Sie sich beim Sichten Ihrer Unterlagen schon die Frage gestellt, welche Nachweise wirklich in die Bewerbungsmappe gehören und welche überflüssig sind. Faustregel: Zu einer vollständigen Bewerbung gehört neben Anschreiben, Lebenslauf und Lichtbild alles, was den Lebenslauf und Ihre Qualifikation für die Stelle in den entscheidenden Punkten belegt. Lesen Sie im Folgenden, welche Unterlagen wichtig sind und welche entbehrlich.

Nachweise: Was wirklich in die Bewerbungsmappe gehört

Bei Nachweisen, Referenzen und Arbeitsproben fällt die Entscheidung manchmal schwer, was wirklich in die Bewerbungsmappe gehört und was nicht. Eines ist klar: In eine Bewerbung gehören nie die Originale, sondern immer nur Kopien.

Beglaubigungen sind in der Regel nicht nötig, es sei denn, sie würden ausdrücklich verlangt. Das ist meist nur noch bei Stellen im öffentlichen Dienst der Fall. Sparen Sie sich also das Geld für die Beglaubigung und legen Sie unbeglaubigte Zeugniskopien in die Bewerbungsmappe. Halten Sie die Originale fürs Vorstellungsgespräch bereit.

Sie sind im Zweifel, welche Zeugnisse und Unterlagen wirklich wichtig sind? Dann helfen Ihnen die folgenden Tipps und Erläuterungen zu den einzelnen Nachweisen weiter.

Schulzeugnisse: nur der höchste Abschluss

Bei Schulzeugnissen genügt dasjenige, das den höchsten allgemein bildenden Abschluss belegt. Wenn Sie also mittlere Reife haben, dann legen Sie das Abschlusszeugnis der 10. Klasse bei. Haben Sie Abitur, dann weisen Sie Ihre Schulzeit mit dem Abiturzeugnis nach. Haben Sie Ihre Schulausbildung abgebrochen (z. B. nach der 11. Klasse), dann legen Sie das Zeugnis der mittleren Reife bei und zusätzlich noch das Zeugnis der 11. Klasse. Stehen Sie vor Abschluss der mittleren Reife, dann legen Sie das letzte Zwischenzeugnis bei. Abschlusszeugnisse von nicht allgemein bildenden Schulen (z. B. Handelsschule) gehören auf jeden Fall in eine Bewerbung.

Aus- und Weiterbildungsnachweise: sorgfältig auswählen

Ausbildungsnachweise gehören unbedingt zu einer vollständigen Bewerbung. Berufsanfänger sollten alle Weiterbildungszertifikate beilegen. Wer schon 5 bis 6 Jahre im Beruf ist, braucht nicht mehr jeden Nachweis.

Bei Nachweisen oder Zertifikaten, die eine Weiterbildung (z. B. Sprachkurs, Marketingseminar) belegen, beschränken Sie sich auf den anspruchsvollsten „Abschluss". Haben Sie also z. B. zwei Französischkurse belegt, einen Grund- und einen Fortgeschrittenenkurs, dann fügen Sie Ihren Bewerbungsunterlagen lediglich den Nachweis über letzteren bei. Haben Sie dagegen mehrere Sprachkurse auf ähnlichem Niveau, aber mit verschiedenen Inhalten belegt (z. B. „Englisch für Fortgeschrittene" und „Business-Englisch"), ist es sinnvoll, alle Zertifikate beizulegen.

Wichtig: Sinnvoll sind nur Nachweise über aktuelles Wissen. Was heute als veraltet gilt, können Sie guten Gewissens weglassen. Beispiel: Fügen Sie Nachweise über die Teilnahme an Computerkursen nur dann bei, wenn diese höchstens 3 bis 4 Jahre alt sind. Alles, was älter ist, gilt heute längst als überholt.

Referenzen: manchmal hilfreich

Falls Sie Referenzen vorweisen können, legen Sie sie Ihrer Bewerbung bei oder – falls es sich um mündliche Referenzen handelt – weisen Sie im Anschreiben auf den möglichen Ansprechpartner (z. B. den ehemaligen Chef) hin. Messen Sie aber den Referenzen keine allzu große Bedeutung bei. Denn auch dem potenziellen Arbeitgeber ist klar, dass derjenige, den ein Bewerber als Referenzgeber benennt, in Bezug auf dessen Person nicht unbedingt einen objektiven Standpunkt vertritt.

Vorsicht Falle: Informieren Sie Ihre Referenzgeber vorher
Bei mündlichen Referenzen sollten Sie sich auf jeden Fall die Mühe machen, den Referenzgeber auch zu fragen bzw. zu informieren. Oft kommt es vor, dass Bewerber jemanden angeben, der ihnen wirklich wohlgesonnen ist, ohne dem Betreffenden Bescheid zu sagen. Peinlich ist es, wenn der Personalentscheider anruft und der Referenzgeber sagt: „Oh, davon weiß ich bisher ja gar nichts!" Das ist nicht gerade förderlich für eine Bewerbung.

Arbeitszeugnisse: auch schlechte Beurteilungen beifügen

Was ist schlimmer – ein schlechtes Zeugnis in der Bewerbungsmappe oder der fehlende Beleg für eine im Lebenslauf aufgeführte Tätigkeit? Antwort: der fehlende Beleg.
Gerade bei Arbeitszeugnissen machen viele Bewerber den Fehler, schlechtere Beurteilungen unter den Tisch fallen zu lassen. Hier ist Vorsicht geboten: Aus einem fehlenden Arbeitszeugnis zieht ein erfahrener Personalverantwortlicher sofort seine Schlüsse:

- Das Zeugnis ist wirklich schlecht (und zwar sehr schlecht).
- Der Bewerber hat im Lebenslauf unzutreffende Angaben gemacht, was Dauer, Art und Tätigkeitsgebiet bei der betreffenden Stelle angeht (denn diese Punkte sind alle im Zeugnis aufgeführt)!
- (Im günstigsten Fall:) Das Zeugnis fehlt wegen besonderer Lebensumstände (z. B. Berufstätigkeit in der DDR).

Fehlt Ihnen ein Arbeitszeugnis aus früherer Zeit? Zerbrechen Sie sich nicht den Kopf darüber! Machen Sie sich aber darauf gefasst, dass Sie im Vorstellungsgespräch danach gefragt werden.

Was tun mit DDR-Arbeitszeugnissen?
Für Bewerber aus der ehemaligen DDR stellt sich die Frage, ob sie einer Bewerbung überhaupt die Arbeitszeugnisse beilegen sollen, die sie vor der Wende bekommen haben. Eine Empfehlung lautet: Geht aus dem Lebenslauf klar hervor, dass Sie einen Teil Ihrer Berufstätigkeit in der DDR verbracht haben, dann wird Ihr Zeugnis nicht unbedingt vermisst, wenn Sie es nicht beilegen. Dennoch: Hatten Sie einen handfesten Lehrberuf (z. B. Koch, Ofenbauer, Bodenleger), dann kann auch ein DDR-Zeugnis über Ihre Fachkompetenz Auskunft geben. Geht es dagegen um akademische Berufe und strotzt das Zeugnis nur so vor SED-Kadersprache, dann lassen Sie es lieber weg.

Tätigkeitsnachweise: bei Berufsanfängern wichtig

Haben Sie „Leerlaufzeiten" (z. B. die Monate zwischen Schulabschluss und Wehr- oder Zivildienst) mit Aushilfstätigkeiten verbracht? Dann legen Sie die Tätigkeitsnachweise Ihrer Bewerbung bei. Das gilt zumindest, wenn Sie sonst noch keine Berufserfahrung vorweisen können und einen Zeitraum von mehr als drei Monaten überbrückt haben. Gehen Sie dabei geschickt vor, können Sie selbst anhand von Aushilfstätigkeiten belegen, dass Sie etwas gelernt haben oder jedenfalls diesen Zeitabschnitt sinnvoll verbracht haben. Fehlt ein Nachweis dafür, ist das aber nicht weiter schlimm.

Praktikumsnachweise: sinnvoll, wenn sie Qualifikation und Erfahrung beweisen

Praktikumsnachweise sind nur bei Berufsanfängern unerlässlich. Sie belegen Ihre Qualifikation und zeigen, dass Sie erste Erfahrungen gesammelt haben. Wer schon länger im Berufsleben steht, kann auf Praktikumsnachweise verzichten. Es kann aber auch für „erfahrene Hasen" sinnvoll sein, sie in die Bewerbungsmappe einzuheften: Das ist dann zu empfehlen, wenn der Praktikumsnachweis eine Qualifikation belegt, die aus der bisherigen beruflichen Tätigkeit nicht hervorgeht, aber für die angestrebte Stelle von Bedeutung ist.

Arbeitsproben: nur mitschicken, wenn sie verlangt oder üblich sind

Arbeitsproben brauchen Sie nur dann mitzuschicken, wenn sie ausdrücklich in der Stellenausschreibung gefordert sind. Sind sie in der Branche üblich (in der Regel im Kreativbereich, z. B. bei Grafikdesignern, Werbefachleuten, Journalisten), sollten Sie sie aber immer beilegen. Sind sie weder verlangt noch üblich, dann bringen Sie eine Mappe von Arbeitsproben erst zum Vorstellungsgespräch mit.

Arbeitsproben auf CD oder im E-Mail-Anhang: Achten Sie auf kompatible Dateiformate

Wichtiger Hinweis: Bei Bewerbungen im Kreativbereich ist es durchaus üblich, eine CD mit Arbeitsproben beizulegen. Hier gibt es aber eine Falle, in die Sie nicht stolpern sollten: Gerade Werbeagenturen und (Bild-)Redaktionen arbeiten häufiger mit Apple-Macintosh- als mit Windows-Rechnern. Haben Ihre mitgeschickten Dateien das falsche Format, kann der Empfänger sie nicht öffnen. Deshalb sollten Sie sich in einem solchen Fall unbedingt vorher erkundigen, welche Dateiformate er lesen kann.

Anschreiben

Anschreiben und Lebenslauf sind die zentralen Dokumente in Ihrer Bewerbung. Es sind die einzigen Mittel, mit denen Sie einen potenziellen Arbeitgeber davon überzeugen, Sie zum Vorstellungsgespräch einzuladen. Denken Sie daher nicht, dass Ihre Unterlagen für sich sprechen. Setzen Sie Ihre Qualifikationen und Stärken gekonnt in Szene – und zwar im Hinblick auf die Stelle, auf die Sie sich bewerben.

Form und äußere Gestaltung

Schon die formale Gestaltung des Anschreibens wirft viele Fragen auf. Bei nicht-kaufmännischen Berufen brauchen Sie nicht zu befürchten, dass Ihre Bewerbung aussortiert wird, weil das Anschreiben die gängigen Standards nicht erfüllt. Bei kaufmännischen Berufen, bei denen es auf den Korrespondenzstil ankommt, ist die formale Gestaltung des Anschreibens aber sehr wohl ein Auswahlkriterium für den Personalverantwortlichen. Hier die wichtigsten Formvorschriften:

Die DIN-Norm für Briefe brauchen Sie nicht streng einzuhalten

Einheitliche Layout-Vorschriften gibt es nicht, sondern lediglich Empfehlungen. Die wichtigste ist DIN 5008, eine Vorschrift für die Textverarbeitung. DIN steht für „Deutsches Institut für Normung".

Keine Sorge: Sie brauchen sich nicht sklavisch an irgendwelche Postitionsangaben zu halten. Gerade die DIN-Vorschrift mit ihren auf den zehntel Millimeter genauen Vorschriften ist in Zeiten moderner Textverarbeitung am PC wenig benutzerfreundlich. Außerdem geht es bei einer Bewerbung weniger um Einheitlichkeit als vielmehr um ansprechendes Aussehen.

Aber bei so mancher Frage bietet die DIN-Vorschrift eine Orientierungshilfe (z. B. bei der Gestaltung der Adresse, der Schreibweise des Datums oder der Gliederung von Telefonnummern).

Schritt für Schritt zum formal richtigen Aufbau

Welche Schriftart ist sinnvoll?

Grundsätzlich haben Sie die freie Wahl zwischen den Schriftarten, die Ihr Textverarbeitungsprogramm bietet. Sinnvoll ist es aber, eine gängige Schriftart in gut lesbarer Größe (nicht unter 10) zu wählen, z. B.

- „Times New Roman", 12 Punkt
- „Arial", 11 Punkt

Bei langen Fließtexten sind Serifenschriften leserlicher

Eine Serifenschrift (Serifen sind die kleinen Häkchen an den Buchstaben) wie z. B. „Times New Roman" sollten Sie vor allem dann wählen, wenn Ihr Anschreiben lang ist und unübersichtlich zu werden droht. Denn der Leser kann dank Serifen die einzelnen Buchstaben optisch verbinden. Serifenschriften sind daher bei Fließtexten besser zu lesen.

Seitenränder

Stellen Sie den linken Seitenrand auf 24 mm ein, den rechten auf 8 mm. Üblich ist bei Briefen der linksbündige Flattersatz – und kein Blocksatz.

Absenderangabe

Zuoberst auf dem Briefkopf geben Sie Ihren Namen und Ihre Adresse an. Wählen Sie die Position so, dass der untere Rand der Absenderangabe maximal 3,8 cm vom oberen Blattrand entfernt ist – sonst bekommen Sie bei Fensterumschlägen Platzprobleme.

Platzprobleme bewältigen

Normalerweise steht die Absenderanschrift links oben. Als Gestaltungsmittel und bei Platznot kann es hilfreich sein,

- sie nicht bündig am linken, sondern am rechten Rand zu positionieren
- sie zu zentrieren und auf ein bis zwei Zeilen zu verteilen
- sie in einer Kopfzeile unterzubringen (auch auf Deckblatt und Lebenslauf – das wirkt sehr professionell)

Auf diese Weise rutscht die Absenderangabe bei Fensterumschlägen auf keinen Fall in den sichtbaren Bereich. Wollen Sie sie im Fenster sichtbar machen, dann wiederholen Sie Ihre Anschrift zwei Zeilen oberhalb der Empfängeranschrift in Schriftgröße 7 oder 8.

Absenderangabe ohne Leerzeilen

Bei der Absenderangabe ist es – anders als bei der Anschrift – nicht üblich, vor der Zeile mit Postleitzahl und Ort eine Leerzeile einzufügen. Geben Sie auf jeden Fall Ihre Telefonnummer und E-Mail-Adresse an. Es kann gut sein, dass die Einladung zum Vorstellungsgespräch nicht klassisch mit einem Brief kommt, sondern per Anruf oder E-Mail. Die Telefonnummer gliedern Sie zweckmäßigerweise, wie es die neueste DIN 5008 vorgibt: mit einem Leerzeichen zwischen Ländervorwahl, Vorwahl und Hauptrufnummer. Die Durchwahl wird mit einem Bindestrich angefügt. Beispiele:

- 0049 228 123456 (internationale Schreibweise mit Ländervorwahl für Deutschland)
- 0228 123456 (Rufnummer im Festnetz)
- 0172 123456 (Mobilfunknummer)
- 0228 1234-56 (Durchwahlanschluss)

Anschrift des Empfängers

Zur Position der Anschrift: Nach DIN-Norm steht die erste Anschriftenzeile 50,8 mm unterhalb der oberen Blattkante (das entspricht Zeile 13) oder in der platzsparenderen Variante 33,9 mm unterhalb der oberen Blattkante (das entspricht Zeile 9).

In der Praxis probieren Sie lieber selbst aus, wo die Empfängeradresse hinrutscht, wenn Sie das Anschreiben mitsamt der dicken Bewerbungsmappe in einen Fensterumschlag stecken. Entsprechend fügen Sie darüber mehr oder weniger Leerzeichen ein oder verschieben das Textfeld mit der Adressangabe.

„An/zu Händen" ist nicht mehr üblich

Zum Aufbau der Adresse: Das Wort „An" ist heute nicht mehr üblich, bei Behörden (z. B. „An das Bürgermeisteramt ...") aber erlaubt. Richten Sie Ihre Bewerbung an eine bestimmte Person, dann kommt deren Name **nach** der Firma, Behörde oder Organisation, bei der Sie sich bewerben. Die Abkürzung „z. H." oder „z. Hd."

für „zu Händen" entfällt. Dennoch bleibt es beim Akkusativ: Es heißt also „Herrn", statt „Herr" (Ausnahme: bei Briefen in die Schweiz). Eine Leerzeile vor dem Ort ist heute nach DIN nicht mehr zwingend vorgeschrieben, aber nach wie vor zulässig.

BEISPIELE:

Markegroth GmbH
Herrn Reiner Lenz
Am Elbufer 12
01236 Dresden

Stadtverwaltung Celle	ABC-Werbeagentur
Personalreferat	Dr. Max Kragemann
Kirchweg 11	Am Park 30
29227 Celle	58455 Witten

Die Schreibweise internationaler Anschriften

Es ist nicht mehr üblich, die Länderkennung (z. B. „D" für „Deutschland", „CH" für die Schweiz) mit Bindestrich vor die Postleitzahl zu stellen. Wichtig bei internationalen Adressen ist, dass Sie den Empfängerort in der Landessprache angeben, das Zielland aber auf Deutsch. Beides schreiben Sie am besten in Großbuchstaben.

BEISPIEL:

World Health Organization
Avenue Appia 20
1211 GENEVE
SCHWEIZ

Welche Schreibweise ist für das Datum empfehlenswert?

Für das Datum haben Sie mehrere Möglichkeiten:

- 05.07.2004 (ohne Leerzeichen, Tages- oder Monatsangabe immer zweistellig)
- 05.07.04
- Frankfurt, 05.07.2004
- Frankfurt, 05.06.04
- 5. Juli 2004 (laut DIN ist diese Schreibweise nur im Fließtext erlaubt)
- 5. Juli 04 (laut DIN ebenfalls nur im Fließtext erlaubt)
- Frankfurt, 5. Juli 2004 (laut DIN ebenfalls nur im Fließtext erlaubt)
- Frankfurt, 5. Juli 04 (laut DIN ebenfalls nur im Fließtext erlaubt)
- 2004-07-05 (internationale Schreibweise, im deutschsprachigen Raum missverständlich)

Sie können die Ortsangabe voranstellen. Das Wort „den" ist heute beim Briefdatum nicht mehr üblich. Entscheiden Sie sich für die alphanumerische Schreibweise, können Sie lange Monatsnamen abkürzen, z. B. 13. Dez. 2003. Üblich, aber keine Pflicht, ist die rechtsbündige Schreibweise.

Betreffzeile ohne das Wort „Betreff"

Eine Betreffzeile sollte im Anschreiben einer Bewerbung nicht fehlen. Sie steht unter dem Datum nach ein bis zwei Leerzeilen. Das Wort „Betreff" wird heute nicht mehr geschrieben. Die Betreffzeile wird durch Fett- oder Kursivdruck kenntlich gemacht. Der Betreff darf ruhig über zwei Zeilen gehen. Am Ende steht kein Punkt.

Im Betreff sollte stehen, auf welche Stelle Sie sich bewerben oder – falls Sie sich auf keine Stellenanzeige berufen – dass es sich um eine Initiativbewerbung handelt. Haben Sie vorher mit dem Personalverantwortlichen telefoniert, dann können Sie schon in der Betreffzeile, spätestens aber im Brieftext darauf Bezug nehmen.

FÜNF BEISPIELE FÜR DIE BETREFFZEILE:

- Bewerbung als Arzt im Praktikum, Ihre Stellenanzeige vom 16.10. ... in der ZEIT
- Initiativbewerbung als Grafikerin
- Danke für das informative Telefonat! Hier nun meine Bewerbung als Assistentin der Geschäftsführung
- Bewerbung als Arzt im Praktikum im Bereich Kinderheilkunde
- Initiativbewerbung in Anlehnung an Ihr Stellenangebot vom 16.10. ...

Anrede

Ist in der Stellenanzeige der Ansprechpartner genannt, an den Sie die Bewerbung schicken sollen? Dann schreiben Sie nicht „Sehr geehrte Damen und Herren". Verwenden Sie auf jeden Fall die persönliche Anrede, „Sehr geehrte Frau Jugenstein". Gleiches gilt, wenn der Personalverantwortliche zwar in der Anzeige nicht aufgeführt ist, aber z. B. auf der Firmenhomepage leicht herauszufinden ist.

Achtung: Falschschreibung ist verheerend!

Gerade bei Namen sind Fehler verheerend. Ist der Empfängername falsch geschrieben, wird die Bewerbung fast immer sofort aussortiert. Übertragen Sie Namen, die in der Stellenanzeige oder auf der Firmenhomepage auftauchen, sorgfältig. Das gilt nicht nur für den Namen der Firma oder Organisation, bei der Sie sich bewerben, sondern auch und gerade für den Ansprechpartner, an den Sie Ihre Bewerbung schicken. Handelt es sich um eine größere Firma oder Organisation, dann können Sie versuchen, den Namen des zuständigen Personalverantwortlichen durch ein kurzes Telefonat mit der Zentrale oder Rezeption herauszufinden.

Tipp: Namensrecherche am Telefon

Wichtig: Lassen Sie sich am Telefon den Namen buchstabieren. Geben Sie auf keinen Fall eine Schreibweise vor, wie Sie sie verstanden haben, sondern bitten Sie Ihren Gesprächspartner, ihn zur Sicherheit zu buchstabieren. Also nicht: „Habe ich Sie richtig verstanden – Völkelt wie V-Ö-L-K-E-L-T?", sondern: „Wie buchstabiert man den Namen genau?")

Allgemeine Anrede, wenn Sie den Ansprechpartner nicht kennen

Wenn Sie den Namen nicht über die Stellenanzeige oder das Internet herausfinden und nicht per Telefon danach recherchieren wollen, dann bleiben Sie bei der allgemeinen Anrede:

- Sehr geehrte Damen und Herren
- Sehr geehrte Damen, sehr geehrte Herren

Fließtext

Für den Fließtext ist Leserlichkeit die oberste Maxime. Untergliedern Sie Ihr Schreiben in Absätze. Ein Absatz ist im Idealfall höchstens sieben Zeilen lang; die absolute Schmerzgrenze liegt bei neun Zeilen. Trennen Sie die einzelnen Absätze mithilfe von Leerzeilen, dann brauchen Sie die erste Zeile jedes neuen Absatzes nicht zusätzlich einzurücken.

Nicht länger als eine Seite ...

Fünf oder sechs Absätze hat Ihr Schreiben idealerweise. Dann ist es leserfreundlich und übersichtlich. Achten Sie aber streng darauf, dass Ihr Anschreiben auf eine Seite passt. Damit zeigen Sie, dass Sie Wichtiges von Unwichtigem unterscheiden können und dazu fähig sind, sich auf das Wesentliche zu beschränken.

Grußformel

Nach dem Fließtext kommt eine Leerzeile, dann folgt die Grußformel. Sie lautet standardmäßig „Mit freundlichen Grüßen". Sie können aber nach Belieben variieren, z. B.

- Freundliche Grüße
- Beste Grüße
- Mit freundlichen Grüßen aus Wetzlar

- Viele Grüße aus dem Rheinland
- Herzliche Grüße von der Schwäbischen Alb
- Freundliche Grüße nach Bremen

Wichtig: Nach der Grußformel steht kein Komma!
Es ist aber auch kein Problem, den Gruß auf mehrere Zeilen zu verteilen.

BEISPIEL:
Ich bin gespannt, von Ihnen zu hören, freue mich, wenn Sie mich zu einem Vorstellungsgespräch einladen, und verbleibe mit freundlichem Gruß

Benno Seligmann

Unterschrift

Unterschreiben Sie in jedem Fall von Hand, am besten mit blauer Tinte. Eine eingescannte und ausgedruckte Unterschrift kann einen schlechten Eindruck erwecken, denn meist sieht man an der schlechten Auflösung, an der falschen Farbe oder an der fehlenden „Kratzspur" auf dem Papier, dass es sich nicht um eine echte Unterschrift handelt. Es ist nicht unbedingt nötig, Ihren Namen noch einmal in gedruckter Form unter Ihrem handschriftlichen Namenszug zu wiederholen. Schließlich geht Ihr Name schon eindeutig aus der Absenderangabe hervor.

Ist ein Anlagenvermerk nötig?

Die DIN-Vorschrift empfiehlt den Vermerk „Anlagen" linksbündig mit mindestens drei Leerzeilen Abstand zur Grußformel. Wenn Sie sich nicht gerade auf eine Sekretärinnenstelle bewerben, dann können Sie den Anlagenvermerk auch weglassen. Sie verweisen ja schon im Text darauf, dass es sich bei Ihrem Schreiben um eine Bewerbung handelt.

Inhalt des Anschreibens

Be-Werbung

In dem Begriff „Bewerbung" steckt das Wort „Werbung". Tatsächlich hat das Anschreiben einer Bewerbung viel mit einem Werbebrief gemeinsam. Was die Inhalte angeht, gelten fast dieselben Regeln – auch wenn es bei einer Bewerbung weniger auf Kreativität und Auffälligkeit ankommt als im Werbebrief.

Rücken Sie Ihre Qualifikationen ins rechte Licht …

Bescheidenheit ist bei einer Bewerbung nicht angebracht. Sie müssen den Empfänger auf Ihre Qualifikationen und Stärken aufmerksam machen. Das ist kein Aufruf zum Angeben, sondern ein Plädoyer dafür, dass Sie sich Ihre Stärken bewusst machen und den Fokus Ihrer Bewerbung darauf richten – und nicht auf Ihre Schwächen. Nur wer sich seiner Fähigkeiten, Vorlieben und Stärken bewusst ist, kann einen potenziellen Arbeitgeber von sich überzeugen. Ein Personalverantwortlicher muss den richtigen Bewerber auswählen – oftmals aus einem ganzen Stapel von Bewerbungen. Deshalb ist es wichtig, dass Sie sich in seine Lage versetzen. Stellen Sie sich zur Orientierung folgende Fragen:

- Welche Anforderungen sind für die ausgeschriebene Stelle unerlässlich?
- Was kann ich?
- Was (davon) mache ich gern?
- Passen diese Stärken zum Stellenangebot?

Fragen Sie auch andere nach deren Einschätzung, um Ihr Selbstbild zu verifizieren oder zu korrigieren. Das hat noch einen weiteren Vorteil: Auf diese Weise entgeht Ihnen keine Ihrer Fähigkeiten, nur weil Sie sie für selbstverständlich und nicht erwähnenswert halten. Erst wenn Sie Ihre Stärken klar benennen können und diese im Wesentlichen zu der Stelle passen, die Sie anstreben, lohnt sich eine Bewerbung.

Schreiben Sie aus der Sicht des „Kunden"

Ein Werbebrief ist nur dann gelungen, wenn er die Vorzüge eines Produkts aus der Sicht des Kunden beschreibt. Ähnliches gilt für das Anschreiben einer Bewerbung: Ihr „Produkt" sind Ihre Qualifikationen. Ihr „Kunde" ist derjenige, der Ihre Bewerbung liest und eine Personalentscheidung treffen muss. Wenn Sie Ihre Vorzüge aus der Sicht desjenigen beschreiben, der Sie einstellen soll, haben Sie die größten Chancen. Eine kleine Hilfe, wie Sie sich – analog zum Werbebrief – in die „Kundensicht" hineinversetzen, gibt Ihnen die folgende Übersicht:

„Kundensicht" statt „Produktsicht" – in einer Bewerbung so wichtig wie in einem Werbebrief –		
Werbebrief	**Falsche Sichtweise (Produktsicht)**	**Richtige Sichtweise (Kundensicht)**
	„Die Bohrmaschine XYZ hat eine Leistung von 600 Watt."	„Mit der Bohrmaschine XYZ bohren Sie mühelos durch jede Wand."
Anschreiben Bewerbung	**Falsche Sichtweise (Sichtweise des Bewerbers)**	**Richtige Sichtweise (Sichtweise des Arbeitgebers)**
	„Ihr Stellenangebot beschreibt meinen Traumberuf." *oder* „Ich interessiere mich für Ihre Stelle."	„Meine Qualifikationen passen zu der ausgeschriebenen Stelle." *oder* „Sie suchen ... – ich biete ..."

Schreiben Sie Ihren Bewerbungsbrief aus Sicht des potenziellen Arbeitgebers

Vorteile für den potenziellen Arbeitgeber darstellen

Ihre Unterlagen sprechen nicht für sich. Sie selbst müssen im Anschreiben schon formulieren, warum Sie der geeignete Kandidat für die angestrebte Stelle sind. Dabei brauchen Sie nicht in allen Einzelheiten auf einzelne Stationen in Ihrem Leben einzugehen – dafür nutzen Sie lieber den Lebenslauf. Dennoch muss Ihr Anschreiben diese beiden Fragen unbedingt beantworten:

- Was haben Sie dem Arbeitgeber im Hinblick auf die ausgeschriebene Stelle zu bieten?
- Welchen Vorteil hat er davon, dass er Sie einstellt?

Wie Sie Ihr Anschreiben aufbauen

Die klassischen Bausteine eines Bewerbungsschreibens zeigt Ihnen die folgende Übersicht:

Briefbaustein A = Bezug zum Stellenangebot
Sehr geehrter Herr Walter, in der „Neuen Westfälischen Zeitung" bin ich auf Ihre Stellenanzeige aufmerksam geworden. Sie beschreiben darin eine Tätigkeit, die meinen Fähigkeiten genau entspricht.
Briefbaustein B = Interesse wecken
Die Elektrogeräte aus Ihrem Hause haben nicht nur in der Branche und bei Fachhändlern einen exzellenten Ruf. Auch ich habe schon seit Jahren einen ABC-Rasierer und bin selbst restlos von der Qualität überzeugt.
Briefbaustein C = Vorstellung der eigenen Person
Aber nicht allein, weil ich Ihre Produkte schätze, bewerbe ich mich bei Ihnen – ich bringe auch die nötigen Kenntnisse und Fertigkeiten mit. Ich bin Industriemechaniker und 43 Jahre alt. Vor fünf Jahren habe ich meine Meisterprüfung mit Erfolg absolviert.
Briefbaustein D = Fähigkeiten und Eignung
Schon seit Jahren liegt mein Schwerpunkt auf der Einrichtung und Wartung von Maschinen. Zuletzt war ich stellvertretender Produktionsleiter bei der XYZ-AG, einem mittelständischen Spezialisten für Elektronikbausteine. Meine Kenntnisse beschränken sich nicht auf die Instandsetzung herkömmlicher Maschinen. Zusätzlich bringe ich die nötigen Kenntnisse EDV-gesteuerter Fertigungssysteme mit. Aus Ihrer Stellenanzeige entnehme ich, dass Sie jemanden suchen, der bei Maschinen sowohl etwas von der Programmierung als auch von der Behebung mechanischer Probleme versteht. Auf beiden Gebieten – Programmierung und Mechanik – fühle ich mich gleichermaßen zu Hause. Mehr dazu erfahren Sie in den beiliegenden Bewerbungsunterlagen.
Briefbaustein E = Organisatorisches
Mein Gehaltswunsch liegt bei ... € pro Jahr. Ich kann sofort bei Ihnen anfangen.
Briefbaustein F = Aufforderung zum Handeln, Grußformel
Habe ich Ihr Interesse geweckt? Dann freue ich mich, wenn Sie mich schon bald zum Gespräch einladen. Mit freundlichen Grüßen nach Bielefeld *Wolfgang Beier*

Die wesentlichen Bausteine des Anschreibens auf einen Blick

Die einzelnen Bausteine im Detail

Natürlich kann man die einzelnen Briefbausteine nicht wie Bauklötzchen aufeinander setzen. Manchmal müssen Sie die Reihenfolge verändern oder Füllwörter und -sätze einfügen, damit das Schreiben gut klingt. Die oben gezeigte Übersicht soll Ihnen aber doch helfen, den Brief zu strukturieren. Welche Inhalte Sie zu den einzelnen Briefbausteinen liefern sollten, lesen Sie im Folgenden:

Briefbaustein A = Bezug zum Stellenangebot

Die Information, woher Sie von der Stelle wissen, bildet den Anfang des Anschreibens. Darauf gehen Sie allerdings nicht ausführlich ein, sondern nur in aller Kürze. Falls diese Information schon im Betreff auftaucht, brauchen Sie sie im Fließtext nicht unbedingt noch einmal aufzugreifen. Haben Sie im Vorfeld ein Telefongespräch mit dem Adressat geführt? Dann danken Sie für das informative Gespräch. Die Einleitung Ihres Schreibens enthält also folgende Informationen:

- Wie Sie von der Stelle erfahren haben (auch bei Initiativbewerbungen)
- (ggf.) Dank für das vorangegangene Telefongespräch

Briefbaustein B = Interesse wecken

Es gehört mit zur Einleitung, gleich Interesse zu wecken. Das tun Sie nicht, indem Sie sofort von sich selbst reden – jedenfalls nicht nur. Besser und zweckmäßiger ist es, wenn Sie Anknüpfpunkte aufführen. Sagen Sie,

- warum die Stelle Ihnen interessant erscheint und
- was Sie an dem betreffenden Unternehmen oder sonstigen Arbeitgeber reizt.

Zum letzten Punkt: Haben Sie keine Scheu, die Firma zu loben, bei der Sie sich bewerben. Im Gegenteil: Das zeigt, dass Sie gut informiert sind und wirklich Interesse haben. Je konkreter Ihr Lob, desto besser (z. B. „Ich finde Ihre Produkte gut.", „Ich habe schon viel Lob über Ihre unternehmensinterne Ausbildung gehört."). Zur Not weichen Sie auf die Branche, das Geschäftsfeld oder den Bereich aus, in der bzw. dem der potenzielle Arbeitgeber tätig ist (z. B. „Entwicklungshilfe professionell zu organisieren, darin sind Sie und Ihre Partnerorganisationen Spezialisten. Genau in diesem Bereich möchte ich Sie unterstützen.").

Briefbaustein C = Vorstellung der eigenen Person

Jetzt müssen Sie sich selbst vorstellen. Hierzu gehören

- Alter
- Ausbildung, Abschluss oder derzeitige Tätigkeit

Briefbaustein D = Fähigkeiten und Eignung

Manchmal liegen Baustein C und D eng beieinander. Ein Industriemechaniker, der sich als Leiter im Bereich Maschinenwartung bewirbt – das passt zusammen. Anders sieht es aus, wenn Ihre ursprüngliche Ausbildung oder Ihr Universitätsabschluss nicht zu der Stelle passt, auf die Sie sich bewerben. Als fachfremder Bewerber müssen Sie mit Ihren Fähigkeiten und Kenntnissen – und wenn möglich auch mit Ihrer Erfahrung – überzeugen:

- Warum halten Sie sich für geeignet?
- Welche Qualifikationen belegen Ihre Eignung?
- Welche Vorteile sprechen sonst noch für Sie?

Briefbaustein E = Organisatorisches

Unterschätzen Sie die Wichtigkeit organisatorischer Angaben nicht. Gegen Ende des Briefs müssen Sie auf diese wichtigen Anforderungen eingehen. Achten Sie auf alles, was in der Stellenanzeige gefordert ist. Das sind z. B.:

- Gehaltswunsch
- frühestmöglicher Eintrittstermin
- Umzugsbereitschaft

Gehaltswunsch

Wird Ihr Gehaltswunsch in der Stellenanzeige verlangt, dann müssen Sie sich dazu äußern. Üblich ist es, das Jahres- und nicht das Monatsgehalt anzugeben. Achtung: Vertrösten Sie den potenziellen Arbeitgeber keinesfalls auf das Vorstellungsgespräch!

Wenn Sie Ihre Gehaltsvorstellung im Anschreiben nicht angeben, dann ist das ein Kriterium, das Sie zumindest als A-Kandidat disqualifiziert. Ihre Bewerbung landet allenfalls auf dem B-Stapel (Ersatzkandidaten).

Sie haben drei Möglichkeiten:

- Sie haben genau die Qualifikationen zu bieten, die gesucht sind: Dann sagen Sie offen, was Sie verdienen möchten
- Sie recherchieren (z. B. im Internet), was üblicherweise in der Branche / für Ihre Tätigkeit gezahlt wird (siehe unten)
- Sie geben Ihr aktuelles oder letztes Gehalt an. Der Personalverantwortliche rechnet dann mit einem Aufschlag von 10 bis 20 %

Signalisieren Sie beim Gehalt nicht allzu große Kompromissbereitschaft. Ein erfahrener Personaler weiß: Wer beim Gehalt Abstriche macht, der nutzt eine nach seiner Ansicht unterbezahlte Stelle allenfalls als Sprungbrett und kündigt, sobald der Arbeitsmarkt wieder besser aussieht. Sie können allenfalls klar machen, dass Ihnen die mit der Stelle angebotene Ausbildung einen vorläufigen Verzicht auf Ihr gewohntes Gehalt wert ist.

Gehaltsrecherche im Internet

Das Internet ist das ideale Medium für Gehaltsrecherchen. Viele Online-Medien veröffentlichen von Zeit zu Zeit Gehaltsvergleiche. Auch auf Stellenportalen finden Sie Hilfe in dieser Frage. Weil sich die betreffenden Web-Adressen ständig ändern, bekommen Sie hier keine konkreten Links, dafür aber eine Suchanleitung, mit der Sie schnell fündig werden: Geben Sie in eine Suchmaschine einen der folgenden Begriffe oder Sätze ein:

- Gehaltscheck (oder Gehalts-Check)
- Gehaltstest (oder Gehalts-Test)
- Gehaltsanalyse (oder Gehalts-Analyse)
- Gehaltsdatenbank
(oder Gehalts-Datenbank)
- „Verdienen Sie genug?“ (unbedingt mit Anführungszeichen eingeben)
- „Sind Sie mit Ihrem Gehalt zufrieden?“ (unbedingt mit Anführungszeichen eingeben)

Frühestmöglicher Eintrittstermin

Der Termin, zu dem Sie frühestens eintreten können, ist wichtig für Ihren potenziellen Arbeitgeber. Nur mit dieser Angabe kann er planen. Bewerben Sie sich aus einer ungekündigten Stellung heraus, dann achten Sie auf Ihre Kündigungsfrist. Bedenken Sie aber auch: Oft ist eine vorzeitige, einvernehmliche Trennung möglich. Ihr jetziger Arbeitgeber weiß wahrscheinlich, dass es keinen Sinn hat, Sie gegen Ihren Willen länger festzuhalten. Sie haben gute Chancen, einen Aufhebungsvertrag zu bekommen. Seien Sie im Anschreiben aber ehrlich.

Musterformulierung:

„Ich bewerbe mich aus ungekündigter Stellung, deshalb kann ich erst zum 1. Juli bei Ihnen anfangen. Wenn Sie mich zu einem früheren Termin einstellen wollen, rechne ich nicht mit Schwierigkeiten."

Umzugsbereitschaft

Es gibt Stellen, bei denen es unerlässlich ist, dass der Arbeitnehmer nicht weit vom Arbeitgeber entfernt wohnt. So muss z. B. ein Arzt, der nachts und am Wochenende für Bereitschaftsdienste eingesetzt wird, in der Nähe seines Krankenhauses wohnen. Deshalb ist in solchen Fällen die Angabe unerlässlich,

- dass Sie in der Nähe wohnen oder
- dass Sie zum Umzug bereit sind, wenn es mit der Stelle klappt.

Abgesehen von der Pflichtangabe: Es kann auch in anderen Fällen sinnvoll sein, Umzugsbereitschaft zu signalisieren. Wenn Sie z. B. in Süddeutschland wohnen und sich weit weg im Norden oder Osten Deutschlands bewerben. Ein potenzieller Arbeitgeber hat durchaus Anlass zu der Befürchtung, dass ein gefragter Kandidat sich testweise auf viele Stellen bewirbt, um seinen Marktwert auszuloten. Machen Sie bei Bewerbungen quer durch die Republik klar, dass ein Umzug für Sie kein Hindernis ist. Damit signalisieren Sie echtes Interesse an der ausgeschriebenen Stelle.

Briefbaustein F = Aufforderung zum Handeln

Psychologisch geschickt ist es, das Anschreiben nicht einfach mit der Grußformel zu beenden, sondern den Empfänger zum Handeln aufzufordern. Was läge da näher, als ein Gespräch vorzuschlagen? Die gängigste Variante ist der Satz „Über eine Einladung zum Vorstellungsgespräch würde ich mich freuen". Er enthält aber noch keine Aufforderung zum Handeln. Besser ist es, Sie schlagen dem Personalverantwortlichen vor, Sie einzuladen, z. B. indem Sie gleich noch die Telefonnummer angeben, unter der Sie in der Regel erreichbar sind.

Tipps zur Formulierung

In den Musterbriefen finden Sie jede Menge Formulierungen für Ihr Anschreiben, die Sie nach Belieben abwandeln können. Wenn Sie Ihr Anschreiben aber lieber Satz für Satz selbst entwickeln wollen, dann finden Sie hier einen „Textbaukasten", der Ihnen bei den Standardsätzen einer Bewerbung hilft.

Textbaukasten für das Anschreiben

Standardsatz	Variation, individuelle Formulierung
Baustein A = Bezug zum Stellenangebot	
Hiermit bewerbe ich mich auf Ihre Anzeige vom 13.10.2003 in der Frankfurter Allgemeinen Zeitung.	Mit Interesse habe ich Ihr Stellenangebot in der F.A.Z. vom 13.10.2003 gelesen. Hiermit bewerbe ich mich darauf.
Hiermit möchte ich mich als ... in Ihrem Hause bewerben.	Sie suchen eine/n ... Da ich die nötigen Kenntnisse mitbringe, erhalten Sie hiermit meine Bewerbung.
Baustein B = Interesse wecken	
Die ausgeschriebene Stelle interessiert mich sehr.	Die Stelle, die Sie ausgeschrieben haben, reizt mich ungemein. Ich denke, dass Sie von meinen Kenntnissen profitieren können.
Ich hätte großes Interesse, bei Ihnen zu arbeiten.	Über Ihre Firma habe ich schon viel Gutes gehört. Deshalb habe ich Interesse an einer Stellung in Ihrem Unternehmen.
Ihre ausgeschriebene Stelle hat mich sehr angesprochen.	Die ausgeschriebene Stelle trifft genau meine Interessen und Fähigkeiten.
Baustein C = Vorstellung der eigenen Person	
Ich habe Anglistik und Germanistik studiert.	Ich habe den M.A. in den Fächern Anglistik und Germanistik. *(Stehen Sie zu Ihrem Titel!)*
Ich habe Geologie studiert.	Ich bin Diplom-Geologe.
Ich stehe kurz vor Abschluss der Lehre als Bürokauffrau.	Im Sommer bin ich mit der Lehre als Bürokauffrau fertig – und für neue Herausforderungen bereit.
Baustein D = Fähigkeiten und Eignung	
Seit fünf Jahren bin ich als ... tätig.	Im Bereich ... habe ich fünfjährige Erfahrung.
Zurzeit arbeite ich als ... in der ...-Abteilung der Firma ...	... und ... – das kann ich. Denn auf meiner derzeitigen Stelle als ... kümmere ich mich tagtäglich um diese Dinge.
Die Stationen meiner Ausbildung waren vielfältig.	Produktion, Organisation, Vertrieb – all das habe ich in meiner Ausbildung kennen gelernt.

Fortsetzung auf Seite 25

Fortsetzung von Seite 24

Standardsatz	**Variation, individuelle Formulierung**
Baustein E = Organisatorisches	
Meine Gehaltsvorstellungen liegen bei ... € pro Jahr.	Als Gehalt stelle ich mir ... € jährlich vor.
Mein bisheriges/letztes Gehalt lag bei ... € pro Jahr.	Mein bisheriges/letztes Gehalt lag bei ... Ich rechne mit einer Verbesserung.
Mein frühester Eintrittstermin wäre der 1. Januar.	Ich kann ab 1. Januar bei Ihnen anfangen.
Ein Umzug ist für mich kein Problem.	Für diese Stelle ziehe ich gern nach ...
Baustein F = Aufforderung zum Handeln	
Ich freue mich, wenn Sie mich bald zu einem Vorstellungsgespräch einladen.	Von meiner Eignung möchte ich Sie gern in einem persönlichen Gespräch überzeugen. Wann darf ich mich bei Ihnen vorstellen?
Über eine Einladung zum Vorstellungsgespräch würde ich mich freuen.	Interessiert? Dann laden Sie mich zum Vorstellungsgespräch ein!

17 typische Floskeln und wie man sie variieren kann

Wie schafft man es, das Anschreiben kurz und knapp zu halten?

Nur eine Seite haben Sie für das Anschreiben. An diese Längenbeschränkung müssen Sie sich halten. Wer es nicht schafft, seine Eignung für die Stelle auf einer Seite auf den Punkt zu bringen, dem wird leicht unterstellt, das Wichtige nicht vom Unwichtigen unterscheiden zu können. Doch wie schafft man es, das Anschreiben kurz und knapp zu halten? Dazu einige Tipps:

- Vermeiden Sie weitschweifige Formulierungen und Bürokratensprache
- Lassen Sie Details aus Ihrem (Berufsleben) im Anschreiben weg (sie gehören in den Lebenslauf)
- Stellen Sie Ihre derzeitige Tätigkeit nicht zu ausführlich dar

Wichtig: Meistens wird das Anschreiben überfrachtet, weil der Bewerber die momentane Situation oder einzelne Stationen im Lebenslauf zu ausführlich darstellt. Belassen Sie es bei wenigen Kernaussagen zu Ihrer Eignung. Ziehen Sie lediglich das Fazit Ihrer Tätigkeiten – nämlich die Erfahrungen und Kenntnisse, die Sie gewonnen haben. Den Rest erwähnen Sie im Lebenslauf – dort gibt es keine zwingend vorgeschriebene Platzbeschränkung.

Das Anschreiben bei einer Initiativbewerbung

Im Aufbau unterscheidet sich das Anschreiben einer Initiativbewerbung wenig von dem einer konventionellen Bewerbung. Lediglich Betreff und Einleitung sind bei der Initiativbewerbung etwas anders: Während Sie bei einer Bewerbung auf eine ausgeschriebene Stelle hin einfach angeben, in welchem Medium und zu welchem Zeitpunkt Sie das Stellenangebot gelesen haben, müssen Sie bei der Initiativbewerbung eventuell etwas mehr erklären. Am Ende des Anschreibens können Sie darauf verweisen, dass der Empfänger Ihre Unterlagen gern länger behalten darf (Baustein E: Organisatorisches, siehe unten).

Betreff

Aus dem Betreff sollte hervorgehen, dass es sich um eine Initiativbewerbung handelt. Das können Sie direkt ausdrücken (z. B. „Initiativbewerbung als Tischlermeister“) oder auch indirekt (z. B. „Tischlermeister gesucht? Dann bin ich der richtige Mitarbeiter für Sie!“). Wenn Sie die genaue Berufsbezeichnung nicht angeben können, dann sagen Sie im Betreff wenigstens, für welchen Bereich Sie sich interessieren (z. B. „Organisation, Vertrieb, Logistik – Führungskraft sucht neue Herausforderung“). Bewerben Sie sich in Anlehnung an eine ausgeschriebene Stelle, für die Sie noch nicht genügend Erfahrung mitbringen, dann machen Sie das ebenfalls im Betreff deutlich (z. B. „Bewerbung in Anlehnung an Ihr Stellenangebot vom 15. Nov. 03 in der Frankfurter Allgemeinen Zeitung“).

Baustein A: Erklärung, warum Sie sich bewerben

Anders als bei der regulären Bewerbung haben Sie bei einer Initiativbewerbung keine Stellenausschreibung, auf die Sie sich beziehen können. Trotzdem sollten Sie im Anschreiben kurz erklären, warum Sie sich bei der betreffenden Firma, Behörde oder Organisation bewerben. Erläutern Sie, wie Sie dazu kommen, sich ausgerechnet beim betreffenden Arbeitgeber zu bewerben, z. B.

- durch die persönliche Empfehlung eines Bekannten oder Freundes
- weil Sie gerüchtehalber gehört haben, dass dort eine passende Stelle frei ist
- weil Sie den Arbeitgeber (seine Produkte oder sein Tätigkeitsgebiet) schätzen

Baustein E: Organisatorisches

Eine Besonderheit kommt bei Initiativbewerbungen beim Briefbaustein E (Organisatorisches) hinzu: Selbst wenn Sie die richtigen Qualifikationen bieten, können Sie nicht damit rechnen, dass Ihnen sofort eine passende Stelle angeboten wird. Sinnvoll ist es daher, dem Personalverantwortlichen zu erlauben, die Bewerbung zu behalten und zu einem späteren Zeitpunkt wieder darauf zurückzugreifen.

Musterformulierungen:

- „Die Unterlagen sind zum Verbleib in Ihrer Firma gedacht.“
- „Sie können die Bewerbung gern behalten, um zu einem späteren Zeitpunkt wieder darauf zurückzukommen.“
- „Ich habe nichts dagegen einzuwenden, dass Sie die Unterlagen behalten, um sich gegebenenfalls zu einem späteren Zeitpunkt bei mir zu melden. Geben Sie mir in diesem Fall einfach kurz Bescheid.“

Junior-Produktmanager

Carsten Bergach
Eichenweg 23
59423 Unna
Tel.: 02303 123456
E-Mail: carsten.bergach@net-online.de

BUSSO Business Software Solutions AG
Herrn Joachim Schulze-Althoff
Kanalweg 47
44149 Dortmund

Unna, 30.08.2003

Ihr Stellenangebot vom 23.08.2003, Bewerbung als Junior-Produktmanager

Sehr geehrter Herr Schulze-Althoff,

Ihr Stellenangebot vom 23.08.2003 in der Westfälischen Allgemeinen Zeitung interessiert mich. Sie beschreiben darin einen Arbeitsbereich, mit dem ich im Rahmen meiner Diplomarbeit schon intensiv in Berührung gekommen bin. Aus diesem Grund bewerbe ich mich um die Position eines Junior-Produktmanagers in Ihrem Unternehmen.

Laut Anzeige suchen Sie einen Mitarbeiter, der bei Software-Design und -Programmierung ein Gespür für die jeweilige Zielgruppe hat. Zugleich muss er genau wissen, welche Wünsche technisch realisierbar sind und welche nicht. Diese Anforderungen erfülle ich. Ich bin 28-jähriger Diplom-Wirtschaftsinformatiker (FH) und habe gerade mein Studium vollendet. In meiner Diplomarbeit habe ich mich mit der Schnittstelle von Software-Design und Vermarktung beschäftigt. Dabei ging es um spezialisierte Kassen-Software im Getränke-Einzelhandel.

Während eines studienbegleitenden Praktikums im vorletzten Jahr habe ich erste berufliche Erfahrungen in einem IT-Unternehmen gesammelt. Die von Ihnen geforderte Berufserfahrung von zwei Jahren kann ich aber leider nicht vorweisen. Dennoch hoffe ich, dass meine Qualifikationen Sie überzeugen, mich zu einem Vorstellungsgespräch einzuladen.

Habe ich Ihr Interesse geweckt? Dann rufen Sie mich an, um einen Termin zu vereinbaren!

Mit freundlichem Gruß aus Unna

Carsten Bergach

Landschaftsplanerin

Dr. Christine Nolke
Kirchzartener Talweg 14
79104 Freiburg im Breisgau
Tel.: 0761 1234567

Stadtverwaltung Wörishofen
Herrn Ludwig Kruse
Rathausplatz 7
87654 Bad Wörishofen

Freiburg, 23. Oktober 2003

Bewerbung als Landschaftsplanerin bei der Stadt Bad Wörishofen

Sehr geehrter Herr Kruse,

in der Süddeutschen Zeitung vom 18. Oktober 2003 bin ich auf Ihre Anzeige gestoßen. Sie erhalten meine Bewerbung, weil die angebotene Stellung als Landschaftsplanerin genau zu meinem bisherigen wissenschaftlichen und beruflichen Werdegang passt.

Ich bin promovierte Biologin mit Schwerpunkt Landespflege (Universität Erlangen). Zurzeit arbeite ich freiberuflich als Umweltberaterin. Meine Aufgaben umfassen die Beratung von Kommunen und Landkreisen in Fragen der Landschaftsplanung, Raumordnung, Bauleitplanung und Biotopvernetzung. Auch die Gestaltung von Ausgleichs- und Ersatzmaßnahmen nach geltendem Umweltrecht ist ein wichtiger Teil meiner Arbeit.

Als gelernte Landschaftsgärtnerin kenne ich Planung nicht nur in der Theorie. Ich weiß auch, wie ein Plan aussehen muss, damit man ihn in die Praxis umsetzen kann. Die rechtlichen Grundlagen dafür habe ich ebenso parat wie fundierte ökologische Kenntnisse und die nötigen Fertigkeiten im EDV-Bereich. Was mich motiviert, ist die Freude am aktiven Mitgestalten der Umwelt. Hohe Einsatzbereitschaft, die Fähigkeit, Kontakte zu knüpfen, Konflikte zu bewältigen und gangbare Lösungen zu finden, sind mein Rüstzeug.

Aufgrund meiner Erfahrungen weiß ich, wie die Haushaltslage in vielen Kommunen aussieht. Überdies ist es gerade im Umweltbereich keineswegs einfach, die ökonomischen Zwänge mit den Forderungen des Gesetzgebers und den gegensätzlichen Wünschen von Bürgerinitiativen, Umweltverbänden und Wirtschaft unter einen Hut zu bringen. Gern möchte ich dazu beitragen, in der Gemeinde Bad Wörishofen Kompromisse zu finden, mit denen alle Beteiligten zufrieden sind.

Interessiert? Dann zögern Sie nicht, mich einzuladen. Für ein Gespräch stehe ich Ihnen jederzeit zur Verfügung. Sie erreichen mich unter der oben stehenden Telefonnummer oder auf meinem Handy unter 0123 4567.

Herzliche Grüße aus dem Schwarzwald

Christine Nolke

Bürokraft (abgebrochene Ausbildung)

Ingeborg von Lauffe
Neue Kölner Str. 3
51465 Bergisch Gladbach
Tel.: 02202 122333
E-Mail: VonLauffe@cologneweb.de

Rechtsanwälte
Lisbeth Rainer und Dr. Paul Ugaroff
Lindenallee 15
90429 Nürnberg

Bergisch Gladbach, 11. November 2003

Bewerbung als Teilzeit-Allround-Bürokraft

Sehr geehrte Frau Rainer, sehr geehrter Herr Dr. Ugaroff,

In der „Süddeutschen Zeitung“ vom 8. November 2003 bin ich auf Ihre Stellenanzeige gestoßen. Ich kann mir vorstellen, dass die Arbeit bei Ihnen anspruchsvoll ist und zugleich Spaß macht. Daher bewerbe ich mich als Allround-Bürokraft in Ihrer Kanzlei.

Sie suchen jemanden, der mit lebhaftem Kundenbetrieb umgehen kann? – Kein Problem, denn ich habe Freude am Umgang mit Menschen und bin mir nicht zu schade, Besuchern Kaffee zu servieren! Sie brauchen eine Kraft, die Büroarbeiten zuverlässig und schnell erledigt? – Kein Problem, denn ich bin gewissenhaft und arbeite – nicht nur am Computer – effizient! Sie erwarten jemanden, der nach Diktat oder Stichworten fehlerfrei schreibt? – Kein Problem, ich beherrsche die deutsche Sprache sehr gut (schon zu Schulzeiten war ich als „DUDEN-Ersatz“ gefragt). Sie brauchen jemanden mit erwiesener Stressresistenz? – Kein Problem: Mit Stress kann ich umgehen. Schließlich verbinde ich seit drei Jahren die Berufstätigkeit mit meiner Aufgabe als allein erziehende Mutter.

Das Einzige, was ich Ihnen nicht bieten kann, ist ein Berufsabschluss. Wegen Schwangerschaft habe ich die Ausbildung zur Bürokauffrau im Juni 2000 abgebrochen. Mein Entschluss, mich bei Ihnen zu bewerben, hängt – abgesehen von der Teilzeitarbeit – damit zusammen, dass Sie die Teilnahme an Fortbildungen anbieten. Ich sehe darin die Chance, meine Berufsqualifikationen auch formal zu vervollständigen. Sie brauchen nicht zu befürchten, dass ich danach gleich wieder kündige. Genau wie Sie lege ich Wert auf eine dauerhafte Stellung und danke Ihnen für diese Chance gern mit treuen Diensten.

Interessiert? Dann lassen Sie uns den Termin für ein Vorstellungsgespräch vereinbaren. Ich freue mich darauf!

Aus dem Bergischen Land grüßt Sie freundlich

Ingeborg von Lauffe

Ausbildungsplatz Industriemechaniker

Lukas Müller
Radenhoffgasse 19
34130 Kassel
Tel.: 0561 2223334
lukas19.mueller@provider-net.de

Livotech Drehteile GmbH Co. KG
Herrn Benno Livertz
Sollingstr. 12–16
34135 Kassel

Kassel, 16. März 2004

Initiativbewerbung um einen Ausbildungsplatz als Industriemechaniker

Sehr geehrter Herr Livertz,

in einem Artikel der „Hessischen Allgemeinen" vom 13. Oktober 2003 habe ich gelesen, dass Sie in Ihrem Betrieb jedes Jahr junge Menschen zu Industriemechanikern ausbilden. Maschinenschlosser – das will ich gern sein. Deswegen bewerbe ich mich bei Ihnen um einen Ausbildungsplatz. Über die Ausbildung in Ihrem Betrieb habe ich schon viel Lob gehört.

Ich bin in der 10. Klasse und stehe kurz vor dem Realschulabschluss. An Maschinen und Geräten tüftle ich schon seit meiner Kindheit gern herum. Außerdem repariere ich Nähmaschinen, Radios, Gangschaltungen oder Fahrräder – alles, womit meine Eltern, Schwestern und Freunde zu mir zu kommen, wenn es nicht läuft. Dass ich in solchen Dingen geschickt bin, können auch alle bestätigen. Außerdem habe ich Spaß am Umgang mit Computern.

Bitte lassen Sie sich durch meine Zeugnisse nicht abschrecken – mir liegt die Paukerei nicht. Aber dafür bin ich gut in der Praxis. Gern komme ich in den Osterferien für ein paar Tage Probearbeit! Ich freue mich, wenn Sie mich bald zum Vorstellungsgespräch einladen.

Mit freundlichen Grüßen

Lukas Müller

Anlagen:
Lebenslauf
Zwischenzeugnis der Klasse 10
Praktikumsbescheinigung

Mitarbeiterin Marketing

Britta Novotny
Schönbuchweg
70563 Stuttgart
Tel.: 0711 77665544
E-Mail: b.novotny@laendle-web.de

Dekamaxx Labortechnik AG
Herrn Hans Neubert
Am Feldrain 26
72766 Reutlingen

Stuttgart, 25. Mai 2004

Initiativbewerbung in Anlehnung an Ihr Stellenangebot vom 20. Mai 2004

Sehr geehrter Herr Neubert,

mit Interesse habe ich Ihre Stellenanzeige in den Stuttgarter Nachrichten vom 19. Mai 2004 studiert. Sie suchen einen erfahrenen Mitarbeiter im Bereich Marketing und Sales Administration. Zwar habe ich in diesem Bereich nur wenig Erfahrung. Dennoch bewerbe ich mich bei Ihnen als Trainee in Anlehnung an die Stelle, die Sie ausschreiben.

Ich bin 27 Jahre alt und habe gerade mein Studium der Anglistik und Geographie mit dem M. A. (Magister Artium) abgeschlossen. Meine Stärken liegen in der Kommunikation und Organisation. Deswegen ist schon in einer sehr frühen Phase meines Studiums der Wunsch entstanden, später Messeauftritte, Seminare und Verkaufstrainings zu organisieren. Daneben traue ich mir durchaus zu, gutes Schulungs- und Prospektmaterial sowie verkaufsstarke Werbebriefe zu entwerfen. Jetzt habe ich Ihr Stellenangebot gesehen und wollte fragen: Können Sie sich vorstellen, mich als Trainee in diesem Bereich einzustellen?

Als organisations- und durchsetzungsstarke Person habe ich nicht vor, Ihnen als „die ewige Auszubildende" zur Last zu fallen. Ich denke, mit meiner praktischen Art, Organisatorisches zu bewältigen (ich habe in den Semesterferien immer wieder als Aushilfssekretärin bei der Messe Stuttgart gejobbt) und Produkte an den Mann zu bringen (ab und zu war ich auch als Verkäuferin in einem Modegeschäft tätig) kann ich gleich vom ersten Tage an eine wertvolle Mitarbeiterin für Sie sein. Fließende Englisch- und passable Französisch- und Spanischkenntnisse runden mein Profil ab.

Ich bin sicher: Alles, was man über diese Kenntnisse und Fähigkeiten hinaus über Marketing wissen muss, können Sie mir beibringen. Wollen Sie es mit mir versuchen?

Über eine Einladung zum persönlichen Gespräch freue ich mich jedenfalls sehr.

Freundliche Grüße aus Stuttgart

Britta Novotny

Lebenslauf

Der Lebenslauf ist das zentrale Dokument Ihrer Bewerbung. Viele erfahrene Personalverantwortliche prüfen ihn, bevor sie das Anschreiben lesen. Denn anhand des Lebenslaufs können sie sich sofort einen Eindruck verschaffen, ob ein Bewerber die nötige Erfahrung und die erforderlichen Qualifikationen für eine Stelle mitbringt. Deshalb sollten Sie auf die Gestaltung des Lebenslaufs mindestens so viel Sorgfalt verwenden wie auf die Formulierung des Anschreibens.

Tipps zu Aufbau und Gestaltung

Ein Lebenslauf sollte vor allem eines sein: übersichtlich. Dieses Ziel sollten Sie beim Aufbau berücksichtigen. Grundsätzlich haben Sie die Wahl zwischen einem tabellarischen oder einem ausformulierten Lebenslauf. Auch in der Reihenfolge der Lebensdaten gibt es zwei verschiedene Varianten: chronologisch (auf- oder absteigend) oder thematisch. Lesen Sie im Folgenden einige Tipps, wie Sie Ihren Lebenslauf zweckmäßig gestalten.

Was muss im Lebenslauf stehen?

Der Lebenslauf ist untergliedert in
- Kopf
- Hauptteil
- evtl. thematischer Anhang (Kenntnisse, Fortbildungen, Hobbys)
- Schluss mit Datum und Unterschrift

Im Folgenden finden Sie eine Übersicht zum Aufbau Ihres Lebenslaufs:

Der Aufbau des Lebenslaufs

Kopf: persönliche Daten
▸ Überschrift „Lebenslauf" ▸ Name, (evtl.) Anschrift ▸ Geburtsdatum und -ort, (evtl.) Staatsangehörigkeit ▸ Familienstand und ggf. Anzahl der Kinder ▸ Foto (rechts oben aufgeklebt, falls nicht auf gesondertem Deckblatt)

Fortsetzung auf Seite 33

Fortsetzung von Seite 32

Hauptteil: Stationen im Leben
▶ Schulbildung ▶ Höchster allgemein bildender Schulabschluss ▶ Weiterführende Schulbesuche ▶ Wehr- oder Zivildienst ▶ Berufsausbildung oder Studium (Abschluss) ▶ Praktika ▶ Berufstätigkeit
thematischer Anhang: Zusatzinformationen
▶ Zusatzqualifikationen ▶ Fortbildungen ▶ Sprach- und sonstige Kenntnisse ▶ Hobbys (kein Muss)
Schluss: formale Anforderungen
▶ Datum ▶ Eigenhändige Unterschrift

Der Kopf des Lebenslaufs: persönliche Daten

Unter der Überschrift „Lebenslauf" bringen Sie alle relevanten persönlichen Daten unter. Das Bewerbungsfoto kleben Sie rechts oben auf die erste Seite, falls Sie kein Deckblatt verwenden.

Hauptteil

Im Hauptteil bringen Sie alle Stationen Ihres Lebens mit Angabe des Anfangs- und Enddatums unter. Wichtig: Die wesentlichen Stationen Ihres Lebens sollten Sie mit Schul-, Studien- und Arbeitszeugnissen sowie Tätigkeitsbescheinigungen belegen. Einzelheiten dazu, welche Nachweise wichtig sind und welche nicht, finden Sie im Kapitel „Vollständigkeit und richtige Reihenfolge der Unterlagen".

Thematischer Anhang

Lehrgänge und Fortbildungskurse brauchen Sie nicht unbedingt chronologisch einzuordnen. Versehen Sie sie mit Datum und setzen Sie sie an den Schluss des Lebenslaufs. Hier verweisen Sie auch auf Zusatzqualifikationen, Sprachkenntnisse und Hobbys.

Computerkenntnisse

Kurse und Lehrgänge im EDV-Bereich sollten Sie nur aufführen, wenn sie noch aktuell sind. Das Problem besteht darin, dass die entsprechende Software schnell als veraltet gilt. Faustregel: Computerlehrgänge, die länger als ein Jahr her sind, brauchen Sie nicht mehr aufzuführen.

Ausnahme

Bei Spezialprogrammen (z. B. Grafik- oder Layout-Software) können Sie eine Ausnahme machen. Stellen Sie heraus, dass Sie auf dem neuesten Stand sind oder ihn sich zumindest leicht aneignen können. Oft ist es besser, die Kenntnisse darzustellen als die Teilnahme an einem entsprechenden Kurs.

Sprachkenntnisse

Bei der Einschätzung Ihrer Sprachkenntnisse können Sie das Schulnotensystem (von „sehr gut" bis „ausreichend") benutzen. Mehr und mehr üblich ist aber folgende Bewertungsskala:

- Muttersprachler
- Verhandlungssicher
- Fließend
- Gute Kenntnisse
- Ausgebaute Grundkenntnisse
- Grundkenntnisse

Hobbys

Ihre Hobbys brauchen Sie nicht unbedingt darzustellen. Sie können das aber ohne weiteres tun, z. B. wenn sie positive Rückschlüsse auf Ihre Persönlichkeit zulassen bzw. dokumentieren, dass Sie für die angestrebte Stelle geeignet sein könnten. Hobbys können einiges über Ihre „weichen" Fähigkeiten aussagen, z. B. über Organisationstalent, Führungsqualitäten oder Risikobereitschaft.

Schluss: Datum und Unterschrift nicht vergessen

Zu einem vollständigen Lebenslauf gehören das Datum (handschriftlich oder gedruckt) und Ihre eigenhändige Unterschrift. Vergessen Sie nicht, das Datum zu ändern, falls Sie Ihren Lebenslauf auf dem Rechner aktualisieren. Auf die eigenhändige Unterschrift legen die meisten Personalentscheider größten Wert. Sie dokumentiert, dass ein Bewerber auch zu seiner Vita steht. Verzichten Sie auf eine eingescannte Unterschrift, selbst wenn Sie sie mit einem Farbdrucker blau ausdrucken könnten.

Was nicht (mehr) in den Lebenslauf gehört

Es gibt ein paar Punkte, die früher zu einem vollständigen Lebenslauf dazugehörten, heute aber nicht mehr üblich sind. Die folgende Tabelle gibt Ihnen einen Überblick:

Welche Punkte nicht mehr in einen Lebenslauf gehören

Was nicht in den Lebenslauf gehört …	Begründung	Ausnahme
Eltern	Für den Bewerber spricht nach heutigem Verständnis allein seine Person, nicht seine Herkunft.	Bei Bewerbungen auf eine Ausbildungsstelle gleich nach dem Haupt- oder Realschulabschluss können die Eltern erwähnt werden (kein Muss).
Religionszugehörigkeit	Die persönliche Glaubensüberzeugung ist Privatsache.	Bei Bewerbungen auf konfessionell gebundene Stellen, sofern eine bestimmte Religionszugehörigkeit Voraussetzung ist.
Kompletter schulischer Werdegang	Es zählt nur noch der höchste allgemein bildende Abschluss.	Bei der ersten Bewerbung direkt nach dem Schulabschluss.

Was früher in einem Lebenslauf Pflicht war, wirkt heute oft altmodisch oder ist schlicht überflüssig.

Die Gliederung des Lebenslaufs

Tabellarisch oder ausformuliert?

Der Lebenslauf ist heute in tabellarischer Form üblich. Wenn die Daten sauber untereinander stehen, sieht er sehr ansprechend aus. Ausformulierte Lebensläufe sind kaum noch gefragt. Sie sollten sich allenfalls für diese Form entscheiden, wenn die Stellenanzeige eine Handschriftenprobe verlangt. Dann formulieren Sie den Lebenslauf aus und schreiben den Text von Hand auf einen unlinierten, weißen DIN-A4-Bogen.

Chronologisch oder thematisch?

Befragt man Personalverantwortliche, ob sie einen chronologischen oder einen thematischen Lebenslauf besser finden, ist die Anwort eindeutig: Der chronologische Lebenslauf wird bevorzugt. Das ist kein Wunder: Schließlich ist eine der ersten Handlungen bei der Sichtung von Bewerbungen

- die Suche nach Lücken im Lebenslauf
- der Abgleich der im Lebenslauf genannten Daten mit den Zeugnissen und Nachweisen, die der Bewerbungsmappe beiliegen

Das bedeutet: Machen Sie es demjenigen, der die Bewerberauswahl trifft, leicht. Ordnen Sie die Stationen in Ihrem Leben nicht nach einzelnen Themenbereichen (Schulbildung, Ausbildung, Studium, Praktika, berufliche Praxis, Fortbildung). Denn wer auf eine korrekte zeitliche Reihenfolge verzichtet, weckt sofort den Verdacht, unproduktive Zeiten absichtlich zu unterschlagen. Dieser Versuchung sollten Sie widerstehen.

Chronologisch auf- oder absteigend? Eine Frage des Geschmacks!

Bei der Frage, ob im Lebenslauf die Daten absteigend (beginnend mit der aktuellen Situation) oder aufsteigend (beginnend mit der Schulbildung) geordnet werden sollten, sind die Geschmäcker verschieden. Traditionalisten bevorzugen meist den chronologisch aufsteigenden Lebenslauf. Bei fortschrittlicheren Personalentscheidern kommt ein chronologisch absteigender Lebenslauf (nach angloamerikanischem Vorbild) besser an.

Empfehlung: der chronologisch aufsteigende Lebenslauf (traditionelle Form)

Die meisten Personalverantwortlichen bevorzugen die traditionelle Form, den chronologisch aufsteigenden Lebenslauf. Sein Aufbau ist von der Dramaturgie her geschickter, denn ein Personalentscheider kann die Entwicklung verfolgen, die ein Bewerber durchgemacht hat. Bei „alten Hasen“ unter den Personalchefs kommt noch hinzu: Der zeitlich aufsteigende Lebenslauf ist die Variante, an die sie sich längst gewöhnt haben, der also zu ihrem Lesefluss passt und den sie am schnellsten erfassen. Das heißt, Sie beginnen mit der Schulbildung (Geburtsdatum und -ort stehen im Briefkopf) und enden mit der aktuellen Situation (also z. B. mit Ihrer augenblicklichen Stelle oder dem Hinweis, dass Sie momentan arbeitssuchend sind).

Internationale Bewerbungen: Hier ist die chronologisch absteigende Form angebracht

Bewerben Sie sich außerhalb Deutschlands oder bei einer Firma, die international agiert, dann ist ein chronologisch absteigender Lebenslauf richtig. International ist er längst Usus. Auch Akademikern, die sich auf Topstellen bewerben, wird er häufig empfohlen, ebenso Hochschulabgängern im Vorfeld von Jobmessen und Jobbörsen. Wenn Sie (bei Stellen im Inland) unsicher sind, welche Form des Lebenslaufs die richtige ist, dann bleiben Sie lieber bei der traditionellen, chronologisch aufsteigenden. Damit machen Sie nichts falsch.

Tipp

Springen Sie nicht hin und her zwischen thematischer und chronologischer Darstellung. Halten Sie sich streng an die zeitliche Reihenfolge. Versehen Sie die einzelnen Abschnitte nur dann mit thematischen Überschriften (z. B. „Ausbildung", „Berufserfahrung"), wenn sie zur zeitlichen Abfolge passen. Das ist dann der Fall, wenn in Ihrem Leben wirklich

- erst die Schulzeit
- dann die Ausbildung oder das Studium
- dann die Berufserfahrung

kommt.
Ausnahme: Fortbildungen und Weiterbildungskurse können Sie unter der entsprechenden Überschrift gesondert unten aufführen, denn es ist meist zu unübersichtlich, sie chronologisch einzuordnen.
Passen die einzelnen Stationen thematisch nicht in die chronologische Reihenfolge, beispielsweise, weil Sie nach einigen Jahren Berufstätigkeit ein Zweitstudium aufgenommen haben, dann bleibt es Ihnen unbenommen, für jede einzelne Station eine eigene thematische Überschrift zu finden.

Wie lang darf ein Lebenslauf höchstens sein?

Ein bis drei Seiten – es gibt keine verbindliche Vorschrift

Empfehlenswert ist es, beim Lebenslauf die Länge von zwei Seiten nicht zu überschreiten. Diese Empfehlung ist aber kein Muss. Anders als beim Anschreiben kommt es beim Lebenslauf vorrangig auf Vollständigkeit an – und auf die Betonung der (für die Stelle) wichtigen Stationen. Wenn eine ausführliche Darstellung Ihren Lebenslauf verständlicher macht und Ihre Person besser beleuchtet, dann ist es nicht weiter schlimm, wenn er sich auf drei Seiten ausdehnt.

Trotzdem ist es sinnvoll, sich auf das Wichtigste zu beschränken

Versuchen Sie trotzdem, sich am Richtwert von zwei Seiten zu orientieren. Damit zwingen Sie sich, nur die wesentlichen Dinge aufzuführen und nicht jede Station Ihres Lebens unnötig detailreich aufzublähen. Wesentlich ist, was Sie für die Stelle qualifiziert.

Tipp

Je mehr Berufserfahrung Sie haben, desto weniger detailliert brauchen Sie Ihre Schul- und Ausbildung und eventuelle Praktika zu beschreiben. So halten Sie Ihren Lebenslauf trotz Datenfülle kurz und knapp.

Zeitangaben: am besten auf den Monat genau

Die Daten in einem Lebenslauf brauchen Sie nicht auf den Tag genau anzugeben – das wäre sicherlich zu aufwendig. Aber eine Zeitangabe in Monaten ist empfehlenswert, weil sie am ehrlichsten wirkt. Damit dokumentieren Sie lückenlose Anschlüsse (wobei ein- bis zweimonatige Pausen akzeptabel sind). Häufiger sieht man auch Lebensläufe, die nur eine Jahresangabe enthalten. Das ist nicht ratsam, denn man kann zwischen zwei aufeinander folgenden Jahresangaben fast zwei Jahre „Pause" verbergen. Personalverantwortliche, die Erfahrung mit der Interpretation von Lebensläufen haben, wissen das – und werden entsprechend misstrauisch.

BEISPIEL

Im Lebenslauf von Steffen Schmitz finden sich folgende Angaben:

1999 bis 2001	Möbelschreiner, „Das Kästchen", Schreinerwerkstatt, Hameln
2002 bis heute	Verkaufsberater, Möbelhaus „The Furnisher", Bad Lippspringe

Der Personalverantwortliche prüft die Anschlusszeiten anhand der Arbeitszeugnisse nach. Dabei kommt heraus, dass Steffen S. nur bis Ende Februar 2001 als Möbelschreiner in Hameln tätig war. Anfang Dezember 2002 hat er die neue Arbeitsstelle angetreten. Volle 21 Monate (Arbeitslosigkeit? Untätigkeit? Krankheit? Aufenthalt im Strafvollzug?) hat er unterschlagen.

Führen Sie daher auch wenig produktive Zeiten im Lebenslauf auf und erklären Sie die Hintergründe. Mehr dazu finden Sie im Abschnitt „Mut zur Lücke(nlosigkeit)".

Wichtiger Hinweis: Zeitangaben nicht variieren!

Halten Sie den Aufbau des Lebenslaufs unbedingt stringent durch. Vermeiden Sie im Hauptteil einen Wechsel zwischen verschiedenen Zeitangaben (z. B. einmal auf den Tag, einmal auf den Monat und einmal nur auf das Jahr genau). Lediglich wenn Sie im thematischen Anhang berufsbegleitende Weiterbildungskurse auflisten, genügt die Angabe des Jahres, in dem diese stattgefunden haben.

Spezielle Tipps zum Inhalt

„Beim Lebenslauf sind die Fakten durch den Verlauf vorgegeben", denken Sie vielleicht, „da gibt es nicht viel Freiheit bei der Formulierung." Irrtum! Gerade beim Lebenslauf ist es wichtig, dass Sie nicht einfach die Stationen Ihres Lebens ohne Erklärungen und Kommentare hintereinander auflisten.

Auf Stringenz und Gewichtung kommt es an

Aus einem gut aufgebauten Lebenslauf geht hervor, was Ihre Befähigung für die angestrebte Stelle begründet. Personalverantwortliche schauen besonders auf einen stringenten

Handlungsverlauf – auch wenn sie keine Probleme damit haben, dass fast jeder Mensch Brüche in seiner Vita aufzuweisen hat. Ein Lebenslauf soll zeigen,

- was Sie wollen
- was Sie können
- wer Sie sind

Gute Chancen haben Sie, wenn Ihr Lebenslauf in diesen drei Punkte zur ausgeschriebenen Stelle passt. Damit ist nicht gemeint, dass er so wirken soll, als hätten Sie Ihr ganzes Leben lang nur ein Ziel gehabt, nämlich die betreffende Stelle. Sie brauchen auch nicht so zu tun, als hätten Sie während Ihrer Ausbildung, Ihres Studiums und/oder Berufslebens einzig und allein auf diese Position hingearbeitet. Ein solcher Lebenslauf wäre unrealistisch und unglaubwürdig. Lassen Sie Brüche im Lebenslauf ebenso zu wie die Tatsache, dass Ihr Leben nicht immer geradlinig verlaufen ist. Das ist normal. Einen „roten Faden" kann Ihr Lebenslauf trotzdem haben.

Der „rote Faden" im Lebenslauf

Suchen Sie nach Anknüpfungspunkten und Gemeinsamkeiten mit der angestrebten Stelle. Nach Möglichkeit sollten Sie einen zusammenhängenden Handlungsstrang erkennbar machen.

Anknüpfungspunkte und Gemeinsamkeiten mit der angestrebten Stelle herausstellen!

Listen Sie all Ihre Stationen auf. In einem zweiten Schritt überlegen Sie, welche Stationen, Tätigkeiten oder Hobbys in Ihrem bisherigen Leben zusammenpassen. Gab es Tätigkeiten, die Überschneidungen mit der angestrebten Stelle aufweisen? Wenn Sie sich für eine bestimmte Stelle interessieren, dann wird das wahrscheinlich der Fall sein. Beispiele:

- Die Lieblingsfächer in der Schule stimmen mit dem gefragten Know-how überein
- Sie haben eine Ausbildung in dem betreffenden Gebiet gemacht
- Sie haben ein verwandtes Fach studiert
- Sie waren schon in einer ähnlichen Branche berufstätig
- Sie haben vergleichbare Aufgaben ausgeführt
- Sie haben Hobbys, die ähnliche Qualifikationen erfordern wie die ausgeschriebene Stelle

Solche Gemeinsamkeiten gilt es im Lebenslauf herauszustellen. Dann sind Sie wegen eventueller Brüche, die Ihr bisheriges Leben vielleicht aufweist, nicht angreifbar.

Gewichten Sie das stärker, was zur angestrebten Stelle passt

Auch bei der Gewichtung Ihrer Tätigkeiten haben Sie Spielräume. Je nachdem, auf was für eine Stelle Sie sich bewerben, heben Sie einzelne Stationen oder Aufgaben stärker hervor und behandeln Sie sie ausführlicher.

BEISPIEL
Ein Praktikum, das am Rande mit Öffentlichkeitsarbeit zu tun hatte, kann als Praktikum im Bereich Öffentlichkeitsarbeit beschrieben werden.

Aber nicht übertreiben!

Einzelne Bestandteile des Lebenslaufs im Hinblick auf die gewünschte Stelle ausführlicher, andere knapper darzustellen, ist legitim. Aber dieses Vorgehen hat auch Grenzen: Das Ganze muss plausibel erscheinen. Es ist nicht möglich, ein zweiwöchiges Praktikum als gewichtiger darzustellen als eine fünfjährige Berufstätigkeit.

Schummelei ist nicht ratsam

Einen stringenten Lebenslauf müssen Sie nicht erdichten. Wer schummelt, hat auf Dauer nichts davon. Denn meist kommt das schon beim Blick auf die Daten in den beigelegten Nachweisen heraus. Auch im Vorstellungsgespräch fliegen Schummeleien häufiger auf – weil ein Bewerber sich in Widersprüche verstrickt oder nicht mehr genau weiß, was er im Lebenslauf geschrieben hat. Wer aufgrund von falschen Angaben eine Stelle bekommt, wird damit wahrscheinlich nicht glücklich. Wesentliche Erfahrungen und Fertigkeiten bringt er nicht mit, muss aber so tun als ob, weil er sie im Lebenslauf angegeben hat. Wenn der Schwindel auffliegt und der Arbeitgeber erfährt, dass er bei der Bewerbung getäuscht worden ist, ist das ein Kündigungsgrund.

Assistentin des Geschäftsführers

Lebenslauf

Persönliche Daten

Name	Angelika Plessar
Anschrift	Am Fuchsgrund 11 06246 Delitzsch Tel.: 0351 111222333 E-Mail: a.plessar@webprovider.de
Geburtsdatum	27. März 1962
Geburtsort	Görlitz
Staatsangehörigkeit	deutsch
Familienstand	verheiratet, keine Kinder

Ausbildung und beruflicher Werdegang

08/1968 – 06/1978	**Allgemeine Polytechnische Oberschule, Görlitz**
08/1978 – 07/1980	**Ausbildung zur „Facharbeiterin für Schreibtechnik"** VEB Nachrichtentechnik und Berufschule, Dresden
08/1980 – 12/1987	**Sekretärin beim VEB Nachrichtentechnik, Dresden** Schreibarbeiten Erledigung der Korrespondenz
01/1988 – 03/1990	**Sekretärin beim VEB/GmbH Halbleiterwerk, Görlitz** Schreibarbeiten Büroorganisation
04/1990 – 12/1990	arbeitssuchend nach Insolvenz des Werks
01/1991 – 12/1992	**Weiterbildung zur Fremdsprachensekretärin** Schwerpunkt: Russisch Nebenfach: Polnisch
01/1993 – 03/1993	arbeitssuchend
04/1993 – 05/1993	**Praktikantin in wechselnden Abteilungen, Cowatco KG, (Hersteller von Hobelmaschinen), Leipzig**

06/1993 – 08/2003	**Team-Assistentin in der Auslandsabteilung, Cowatco KG** Büroorganisation Buchung von Geschäftsreisen Erledigung der Korrespondenz mit Osteuropa Anfertigung von Übersetzungen Erstellung von Präsentationen
seit 9/2003	arbeitssuchend

Weiterbildungen

09/1994	IHK-Seminar: „Durch flexible Organisation den Chef entlasten“
03/1996	„Basics, Tipps und Tricks bei der Geschäftsreiseplanung“
02/2003	Vertiefungskurs PowerPoint

Kenntnisse und Fertigkeiten

Sprachen

Russisch	fließend in Wort und Schrift
Polnisch	gute Kenntnisse
Englisch	ausgebaute Grundkenntnisse

EDV-Kenntnisse

Microsoft Office	alle gängigen Anwendungen

Delitzsch, 24. 10. 2003

Angelika Plessar

Verkaufsberater

Lebenslauf

Zu meiner Person:

Name:	Arne Kräftig
Anschrift:	Bienwaldstr. 16 67658 Kaiserslautern
Geburtsdatum:	21. August 1970
Geburtsort:	Pirmasens
Staatsangehörigkeit:	deutsch
Familienstand:	verheiratet, ein Kind
angestrebte Position:	Verkaufsberater Telekommunikation

Schule, Wehrdienst, Studium:

07/77 bis 06/90	**Schulausbildung** Grundschule Pirmasens Realschule Pirmasens Aufbaugymnasium Kaiserslautern Abschluss Abitur: Note 2,2
08/90 bis 09/91	**Zivildienst** Seniorenheim Rheinblick, Koblenz
10/91 bis 09/94	**Studium der Betriebswirtschaft, Universität Trier** Schwerpunkt Absatzwirtschaft und Vertrieb Vordiplom: Note 2,5 Abbruch nach 4 Semestern (Grund: zu viel Theorie, zu wenig Praxis)

Beruflicher Werdegang:

10/94 bis 12/94	arbeitssuchend
01/95 bis 07/95	**Freiwillige Mitarbeit bei einem Transfair-Kaffee-Projekt, Guayaquil, Ecuador** <u>Mitarbeit in der Kontaktstelle Südamerika – Europa</u> Konzeption einer Diaserie über den fairen Handel Planung der Produktions- und Verkaufszahlen
08/95 bis 06/00	**Vertriebsmitarbeiter, RGDF-Pharma AG, Neu-Ulm** <u>Trainee im Vertriebswesen (1 Jahr), wechselnde Stationen</u> Lehrgang „Grundlagen im Verkauf und Vertrieb" (2 Monate) Marktforschungs-Abteilung (4 Monate) Außendienst in Begleitung eines Bezirksverkaufsleiters (6 Monate)

	<u>Bezirksverkaufsleiter für den Bezirk südliches Rheinland</u> Betreuung vorhandener Kunden (Ärzte, Apotheker) Aufbau neuer Kundenbeziehungen Einarbeitung neuer Mitarbeiter
07/00 bis 12/00	arbeitssuchend
01/01 bis 12/03	**Versicherungsberater, All-Secure-Versicherung, Berlin** <u>Bezirksleiter im Außendienst für den Bezirk Kaiserslautern</u> Beratung von Kunden Erstellung von Analysen über den individuellen Versicherungsbedarf Verkauf von Policen Abwicklung von Schadensmeldungen
seit 01/04	Phase der Neuorientierung und Bewerbung

Aktivitäten und Mitgliedschaften

06/94 bis 07/94	Leitung des Tutoriats „Computerunterstützte Datenauswertung"
03/00 bis 7/04	Mitgliedschaft im Radsportclub Kaiserslautern
seit 01/03	Leitung einer Jugendmannschaft

Sprachkenntnisse

Englisch	gut
Französisch	gut
Spanisch	fließend

Sonstige Interessen

Radsport
Fotografie
Computer- und Telekommunikationstechnik
Schach

Kaiserslautern, 30. 07. 2004

Arne Kräftig

Kundendienst-Techniker

Lebenslauf

Name:	Peter Raat
Geburtsdatum, -ort:	27. Februar 1955, Clausthal
Staatsangehörigkeit:	deutsch
Familienstand:	verheiratet, zwei erwachsene Kinder

Schule:

Juli 1962 – Juni 1972	Grund- und Realschule, Clausthal-Zellerfeld Abschluss: mittlere Reife

Ausbildung:

Aug. 1972 – Juli 1975	Ausbildung zum Elektrotechniker Elektro-Meisterbetrieb Gustav Meisner GmbH, Hannover Abschluss: Elektrotechniker-Geselle

Wehrdienst:

Sep. 1975 – Dez. 1976	Wehrdienst, Munster Grundwehrdienst Lkw-Führerschein Wartung der Nachrichtenelektronik

Arbeit als angestellter Geselle:

Jan. 1977 – Juni 1985	Elektrotechniker Elektro-Meisterbetrieb Gustav Meisner GmbH, Hannover
Jan. 1983 – Juni 1985	berufsbegleitender Meisterkurs Abschluss: Elektrotechniker-Meister

Arbeit im eigenen Handwerksbetrieb:

Juni 1986	Aufbau eines eigenen Handwerksbetriebs, Seesen
Juni 1986 bis heute	Selbstständigkeit: Elektroinstallation, Kundendienst und Inspektion, Aufbau eines zum Betrieb gehörigen Elektro-Fachgeschäfts, Ausbildung von insgesamt vier Lehrlingen

Seesen, 13. Januar 2003

Peter Raat

Peter Raat, Buchenweg 2, 38723 Seesen, Tel.: 05381 44332211, E-Mail p.raat@netline.de

Bewerbung per E-Mail

Wann ist eine E-Mail-Bewerbung sinnvoll?

Eine Bewerbung per E-Mail ist in der Regel nur dann empfehlenswert, wenn der potenzielle Arbeitgeber dies ausdrücklich wünscht. Steht nicht explizit in der Stellenanzeige, dass E-Mail-Bewerbungen willkommen sind, können Sie – zumindest bei kleineren Firmen, Behörden oder Organisationen – in der Regel auch nicht davon ausgehen. Allenfalls

- bei großen Firmen mit technischer Ausrichtung
- bei Firmen, die im IT-Bereich tätig sind
- bei großen Werbeagenturen

ist es wahrscheinlich, dass eine E-Mail-Bewerbung gleich behandelt und gleichermaßen berücksichtigt wird wie eine Bewerbungsmappe, die per Post kommt. Bei anderen Stellenanbietern sind E-Mail-Bewerbungen noch längst nicht Standard, selbst wenn in der Stellenanzeige eine E-Mail-Kontaktadresse angegeben ist.

Auch eine Veröffentlichung der Stellenanzeige im Internet ist keine Garantie dafür, dass Sie mit einer E-Mail-Bewerbung automatisch richtig liegen. Sehr oft sind Online-Stellenanzeigen aus Printmedien übernommen.

Betreff: Genauen Bezug zur ausgeschriebenen Stelle herstellen!

Wichtig bei einer E-Mail-Bewerbung ist es, schon mit einer gut formulierten Betreffzeile auszudrücken, worum es geht. Konzentrieren Sie sich dabei auf das Wichtigste: Nicht wann und wo die Anzeige geschaltet wurde, ist im Betreff wichtig, sondern auf welche Stelle Sie sich bewerben. Wer einen pfiffigen Betreff formuliert, hat außerdem die Möglichkeit, sich von der Masse abzuheben. Hier einige Gestaltungsmöglichkeiten:

Betreffzeile einer E-Mail-Bewerbung

Standardtext	Aussagekräftigere Variation
Ihr Stellenangebot vom 17.10.03	IT-Berater gesucht? – IT-Berater gefunden!
Bewerbung als Produktmanager	Ich will bei Ihnen als Produktmanager anfangen
Bewerbung als Vertriebsleiter	Vertriebsleiter sucht neue Herausforderung

Je pfiffiger der Betreff, desto größer die Aufmerksamkeit für Ihre E-Mail!

Tipps für das Anschreiben

Anschreiben im E-Mail-Text selbst oder im Anhang?

Ob Sie das Anschreiben direkt in die E-Mail schreiben oder als Textdokument in den Anhang packen, ist Ihre Sache. Praktikabel ist es, direkt in die E-Mail zu schreiben. Fassen Sie Ihre Stärken in maximal fünf Absätzen mit vier bis fünf Zeilen zusammen. Achten Sie darauf, den Text nicht im HTML-Format zu versenden, sondern im Nur-Text-Format. Das lässt sich in Ihrem E-Mail-Programm einstellen. Verzichten Sie innerhalb eines Absatzes auf Zeilenumbrüche mit der Returntaste. Lediglich den Beginn eines neuen Absatzes markieren Sie, indem Sie eine Leerzeile vorschalten. Als Signatur zum E-Mail-Text sollten Sie Ihre komplette Adresse (nicht nur die E-Mail-Adresse) nennen.

Gestalten Sie das Anschreiben lieber in Ihrem Textverarbeitungsprogramm, dann sind Sie vor ungewollten Zeilenumbrüchen oder der falschen Wiedergabe von Umlauten und Sonderzeichen sicher. Am besten ist es, den ganzen Anhang als eine einzige PDF-Datei mitzuschicken. In die E-Mail selbst kommt dann nur eine kurze Notiz. Ein Beispiel:

> Sehr geehrter Herr .../sehr geehrte Frau ...,
>
> die von Ihnen ausgeschriebene Stelle als ... interessiert mich sehr. Bitte berücksichtigen Sie meine Bewerbung, die Sie im Anhang zu dieser Mail finden.
>
> Mit freundlichen Grüßen
>
> Peter Meisner

Unleserliche Dateiformate und zu viele Dateien

Oft scheitert eine E-Mail-Bewerbung auch an den technischen Tücken eines ungewöhnlichen Dateiformats. Dabei definiert jeder Empfänger die Eigenschaft „ungewöhnlich" durchaus unterschiedlich – abhängig von den Programmen, die ihm zum Öffnen zur Verfügung stehen: Hüten Sie sich davor, Ihre eigene Software-Ausstattung als Standard zu definieren. Gerade wenn Sie sich bei kleinen Firmen, Behörden und Organisationen bewerben, sollten Sie besser nicht davon ausgehen, dass diese über all die Programme verfügen, die Sie als selbstverständlich voraussetzen. So manche Bewerbung scheitert daran, dass die angehängten Dateien in Formaten abgespeichert sind, die der Empfänger nicht lesen kann. Typisch (aber ungeeignet) als Anhang sind z. B.

- mehrere Dateien unterschiedlichster Formate, etwa das Bewerbungsbild als TIF-Datei, diverse eingescannte Nachweise als BMP-, JPG- oder PSD-Dateien
- ganze Powerpoint-Präsentationen

Manchmal ist eine E-Mail-Bewerbung aber auch zu umständlich zu handhaben. Schwierig wird es, wenn jeder Nachweis in einer einzelnen Datei abgespeichert ist. Selbst wenn es keine unleserlichen Dateiformate sind – so muss doch jede angehängte Datei einzeln geöffnet und gelesen werden. Diese Mühe macht sich längst nicht jeder Arbeitgeber.

Tipp: Wandeln Sie alle Dokumente in eine einzige PDF-Datei um

Ideal für eine E-Mail-Bewerbung, aber nicht unbedingt einfach zu bekommen ist eine einzige Datei im PDF-Format. Wenn Sie alle Dokumente in einer einzigen PDF-Datei zusammenstellen, hat der Empfänger keine Probleme, sie zu öffnen und zu lesen. Den dafür nötigen

Acrobat Reader können Sie als Standard voraussetzen, zumal er kostenlos im Internet heruntergeladen werden kann.

Inhalt des Anschreibens

Der Inhalt des Anschreibens unterscheidet sich nicht von dem Brief, den Sie einer richtigen Bewerbungsmappe beifügen. Führen Sie auf

- wer Sie sind
- warum Sie sich für die angestrebte Stelle interessieren
- welche Erfahrungen und Eigenschaften Sie dafür qualifizieren
- warum Sie gerade bei diesem Arbeitgeber arbeiten möchten

Tipps zum Inhalt und zu den einzelnen Briefbausteinen finden Sie im Kapitel „Anschreiben".

Rechtschreibung und Grammatik strikt beachten

Auch wenn es im elektronischen Schriftverkehr oft weniger formell zugeht als bei Briefen, sollten Sie sich bei einer E-Mail-Bewerbung an die Rechtschreib- und Grammatikvorschriften halten. Verzichten Sie auf durchgängige Kleinschreibung, Ansprache mit „Du" und die Verwendung abgekürzter Aussagen statt vollständiger Sätze. Hier kommt es darauf an, Eindruck zu machen: Wenn Sie möchten, dass der Inhalt Ihrer Bewerbung überhaupt zur Kenntnis genommen wird, dann achten Sie darauf, dass auch die Form stimmt.

Kreativität ist nicht gefragt

Eine E-Mail-Bewerbung muss schlicht sein. Es kommt allein auf den Inhalt an. Gehen Sie nicht davon aus, dass der Empfänger die Mail im gleichen Format liest, in dem Sie sie abgesendet haben; das kommt auf die Einstellungen seines Mailprogramms an. Für Ihren Text bedeutet das, dass Sie keinen Fettdruck, keine Kursivschrift und keine zweite Schriftart verwenden sollten. Auch Kreativität in der Gestaltung ist nicht gefragt: Hintergrundbilder, Farben oder Logos werden meist sowieso nicht überliefert und blähen eine Mail nur unnötig auf. Bleiben Sie im einfachen Textformat.

Die getippte Unterschrift genügt

Bei der E-Mail-Bewerbung reicht es, Ihren Namen in getippter Form unter dem Anschreiben anzufügen. Auch wenn Sie das Anschreiben nicht in der Mail selbst, sondern in einer separaten Textdatei untergebracht haben, sollten Sie auf eine eingescannte Unterschrift verzichten. Sie kostet nur zusätzlichen Speicherplatz.

Angehängte Dateien: Namen höchstens acht Buchstaben lang

Nicht jeder Rechner gibt Dateinamen in voller Länge wieder. Meist ist nach acht Zeichen Schluss. Was darüber hinausgeht, wird weggekürzt. Die Folge: Die Dateinamen vieler Bewerber gleichen sich wie ein Ei dem anderen und sehen dann etwa so aus:

- Anschrei.doc (ursprünglich: Anschreiben-Peter-Meier.doc)
- Lebensla.doc (Lebenslauf-Peter-Meier.doc)
- Zeugniss.jpg (Zeugnisse-Peter-Meier.jpg)
- Nachweis.gif (Nachweise-Peter-Meier.gif)

Das sollten Sie verhindern. Ihre Unterlagen kann man Ihnen auch nach dem Abspeichern auf der Festplatte zweifelsfrei zuordnen, wenn Sie Ihren Namen (zur Not abgekürzt und ohne Vornamen) nach vorn setzen und die angehängten Dokumente einfach in der Reihenfolge durchnummerieren, in der der Empfänger sie öffnen soll, z. B.

- Meier1.doc
- Meier2.doc

Testen Sie vorher, ob die E-Mail in akzeptablem Zustand ankommt

Es ist unbedingt zu empfehlen, sich die Bewerbung vorher selbst zu schicken. Das tun Sie am besten, indem Sie sich zur Probe eine webbasierte E-Mail-Adresse zulegen. Dann sehen Sie,

- ob die Bewerbung vollständig ist
- ob es im E-Mail-Text ein Problem mit Sonderzeichen und Zeilenumbrüchen gibt